U0936488

Edited from the MSS
by Elizabeth Lamond
A DISCOURSE OF THE COMMON WEAL
OF THIS REALM OF ENGLAND
At The University Press Cambridge 1954
根据剑桥大学出版社 1954 年版译出

汉译世界学术名著丛书
（120 年纪念版·珍藏本）
出 版 说 明

2017 年 2 月 11 日，商务印书馆迎来 120 岁的生日。120 年前，商务印书馆前贤怀揣文化救国的理想，抱持“昌明教育，开启民智”的使命，立足本土，放眼寰宇，以出版为津梁，沟通中西，为中国、为世界提供最富智慧的思想文化成果。无论世事白云苍狗，潮流左右激荡，甚至战火硝烟弥漫，始终践行学术报国之志，无改初心。

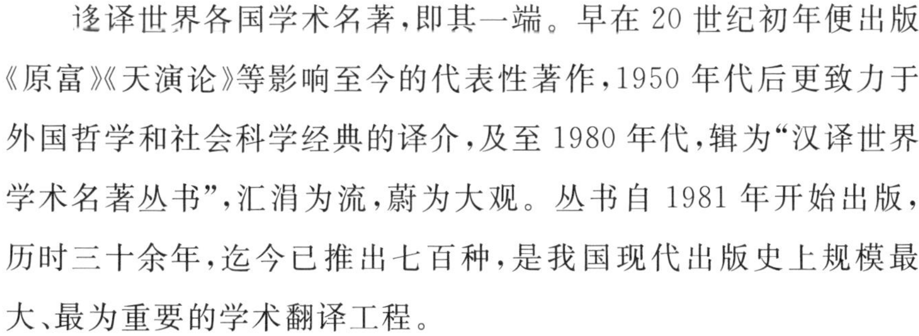

迻译世界各国学术名著，即其一端。早在 20 世纪初年便出版《原富》《天演论》等影响至今的代表性著作，1950 年代后更致力于外国哲学和社会科学经典的译介，及至 1980 年代，辑为“汉译世界学术名著丛书”，汇涓为流，蔚为大观。丛书自 1981 年开始出版，历时三十余年，迄今已推出七百种，是我国现代出版史上规模最大、最为重要的学术翻译工程。

丛书所选之书，立场观点不囿于一派，学科领域不限于一门，皆为文明开启以来，各时代、各国家、各民族的思想与文化精粹，代表着人类已经到达过的精神境界。丛书系统译介世界学术经典，引领时代思想，为本土原创学术的发展提供丰富的文化滋养，为推动中国现代学术和现代化进程做出了突出的贡献。

为纪念商务印书馆成立120周年，我们整体推出“汉译世界学术名著丛书”120年纪念版的珍藏本，寄望既利于文化积累，又便于研读查考，同时向长期支持丛书出版的译者、编者和读者致以敬意。

两甲子后的今天，商务印书馆又站在了一个新的历史时间节点上。我们不仅要铭记先辈的身影和足迹，更须让我们的步伐充满新的时代精神。这是商务人代代相传的事业，更是与国家和民族的命运始终紧密相连的事业。我们责无旁贷，必须做好我们这代人的传承与创造，让我们的努力和成果不仅凝聚成民族文化的记忆，还能成为后来人可以接续的事业。唯此，才能不负前贤，无愧来者。

商务印书馆编辑部

2017年10月

中译本前言

本书是描写十六世纪伊丽莎白统治时期后半叶英国社会状况的一本重要著作。1581年最初用《略论英国政策》书名出版，作者署名为S. W.。中译本所据版本系1893年由伊丽莎白·拉蒙德根据原著整理编校而成。

全书是用对话体写成的。参加对话的角色有制帽商、庄稼人、商人、博士和爵士五位不同等级不同身份的人。博士是对话人中的中心人物，他的话代表了作者的意见，贯串着全书的基本思想。

全书的结构分三层，即三次对话。第一次对话，表述了各类人物对当时一些现象的不满，以及他们如何就遭受不幸的原因相互埋怨。这里反映出英国当时存在的各种问题。第二次对话既谈存在的问题，又讨论了产生这些问题的根源。第三次对话，提出了解决各种问题的办法。

按照博士的说法，当时英国存在的主要问题在于："首先，这种普遍的、全面的物价上涨现象，是所有的人对之颇有怨言的最主要的不幸事件。其次是我国财富的耗竭。第三是圈地和把可耕地变为牧场的行径。第四是城镇、教区和乡村的凋敝。最后，人们对宗教的意见分歧和差异。"当时英国的中部，把公地圈为牧场已进行到很大的规模，大量耕地变成了牧羊场，大批农民失去土地，流离失所，因而农业日益凋敝。贵金属从新发现金银矿的国家（特别是美国）涌入欧洲，以及欧洲各国对铸币实行剪币和掺假政策，又使商品普遍涨价，广大群众极为不满，不少地方出现骚动和叛乱。针对这种情况，作者通过博士之口提出一系列的改革办法：改革货币制度，确定金、银、铜币的正确比价；振兴农业，提高农作物价格，允许农民自由出卖农产品，使种地比放牧有更多的收益；保护本国的加工工业，扩大就业，并提倡消费者消费本国产品，本国能制造的工业品绝不进口。

这部著作在学说史上占有重要地位，可以说是早期重商主义的代表作。作者的重商主义思想主要表现在以下几点上。

1. 只有金银才是一国的真正财富。他说："金钱是你想得到的任何商品的货栈。"他主张发展农业，因为他认为"可以把多余的粮食运往国外以换取大笔钱财。"他反对发行分量不足的铸币，因为在他看来，"既然我们的硬币质量低劣，改变了模样，外国人就伪造了我们的硬币，设法把大批大批的伪币运到这里来脱手，既换取我们的金银，又换取我们的主要商品。"他不是按生产，而是按照货币的流向来划分行业，也是从只有金银才是财富的观点出发的。

2. 对外贸易是财富的真正源泉，利润是在商品流通中由于贱买贵卖而产生的，国内贸易不会引起货币的外出与内流，对财富无所增减。他在谈到如何恢复英国的财富时说："首先，我们可以禁止输入我以前讲到的从海外运来的那么许多没有什么价值的东西，并规定只准出售我们自己的商品，不得销售舶来品；其次，我们不能不管未经加工的商品，因为如果把那些商品及时地就地加工后卖到国外去，它们就会在短时期内带来无数的财富了。"

3. 对外贸易的原则是少买多卖，只有出超才能使金银进口，杜绝本国财富外流。他说："务必使我们向外国人购买的货物不超过我们销售给他们的货物，要不然我们就会自趋贫穷，让他们发财致富。"

4. 提倡保护关税，使用国产品，发展本国加工工业。他提出，即使有的商品本国生产的比进口的成本高，也应该买本国的。"我们最好还是付出较高的代价向我们自己人购买那些货物，而不要以低价向外国人购买；因为不管多么少的收益流往国外，对我们来说总是一项损失。可是，不论多大的收益从一个人的手里转到另一个人的手里，毕竟还是保留在国内"。"我特别希望不要使用海外任何以我们的原料如羊毛、兽皮、锡等制造的、返销到这里来的商品"，如果本国生产这些东西，就不仅"可以安排 2 万人就业"，而且"购买这些商品的货款则留在国内，并不外流。"

这本著作一直受到研究经济学说史的学者的重视，但本书作者是谁，曾引起人们的猜测和考证。本书在 1581 年初出版时作者署名为 W. S. 。由于该书是用对话体裁写的，文笔较雅，所以在很长时间内有人推测该书出自威廉·莎士比亚的手笔。但后来有人认为该书作者是威廉·斯塔福德。到十九世纪末，伊丽莎白·拉蒙德在英国杂志《英国历史评论》1891 年 4 月号上发表了一篇对该书作者进行考证的文章，认为该书作者是约翰·黑尔斯，而威廉·斯塔福德只是出版者。据她说，该书写成时间是在 1565 年，而 W. 斯塔福德予以出版是在 1581 年，只不过在付印前作了一些修改和变动，改名为《略论英国政策》，并署了自己姓名的缩写。拉蒙德在 1893 年以编者拉蒙德的名义重新出版了该书，书名也改为原名《论英国本土的公共福利》(即我们现在出版的这本书的书名)。现在拉蒙德的看法已普遍为人们所接受,西方一些有影响的有关著作,如E.F.赫克谢尔的《重商主义》和E.罗尔的《经济思想史》等都认为此书作者是约翰·黑尔斯。根据拉蒙德的考证分析和国内的一般看法,我们取作者为约翰·黑尔斯之说。

原书最后有编者所加"注释"多页,均系按正文逐页说明两种手稿在个别用词上的细小差别或某一个词在甲稿(或乙稿)略而不述的烦琐考证,我们考虑到两稿的这些细微歧异并不妨碍此书内容的完整,所以没有把"注释"译出。

戴芳

1987年11月

目　录

简短说明

当拉蒙德小姐意识到她不可能希望在她逝世以前编完这本书时，我承担任务来监督书籍的排印过程。她努力工作到最后一息。1891年8月11日星期二晚上，她花了一小时或者多一点的时间对照剑桥大学收藏的兰巴德先生的原稿阅读校样。两天以后，她旅行到她在爱丁堡的家乡，在接下去的星期天上午在那里溘然长逝。

拉蒙德小姐的工作计划草案制订得很清楚，但我感到责任重大，要力图完成她那要求严格的习性和不倦的耐心使她特别适宜承担的一项任务的其余部分，却非同小可。

当我承接这项工作时，我发现还有不少事情需要完成，而其他一些预先约定要办理的事项又使这种推迟出版的情况成为不可避免。拉蒙德小姐曾经准备好了本书正文据以排印的兰巴德先生的原稿的抄件，以及牛津大学图书馆所藏原稿的目录和旁注的抄件；她还根据兰巴德的原稿校阅了第一篇对话的校样。她在《英国历史评论》(1891年4月)上发表的文章连同她打算加以改写的一些暗示，提供了用以撰写导言的资料。有两三页的注释已经写成，但有大量的资料需要彻底重新整理。导言和注释并不完全代表她的成熟的见解；在不止一处，她希望能够再次仔细检查一下论点的依据，虽然她的主要结论已经得到公认。(科萨:《导言》，第三版，第198页。阿什利:《经济史》,第一卷,第260页。)

为了所获得的热情帮助,我除自己表示感谢以外,谨代表拉蒙德小姐致以谢忱:感谢兰巴德先生,因为他同意让我们长期连续使用那部成为本书基础的非常有趣的原稿;感谢牛津大学图书馆当局亲切地专门给拉蒙德小姐提供方便,让她核对他们所收藏的原稿;感谢三一学院研究员J.D.达夫先生就一些特殊问题给予的帮助;此外还要感谢圣约翰学院研究员福克斯韦尔教授、伦敦档案局的休伯特·霍尔先生、格顿学院的E.A.麦克阿瑟小姐、英王学院的F.B.斯马特先生、苏黎世的萨普斯沃思教授,以及剑桥大学图书馆的A.罗杰斯先生。

W.坎宁安

1893年8月9日于剑桥大学三一学院

导　言

一

现今发表的这篇“对话”在其较早的形式方面有过一段稀奇的经历。它最初印刷于1581年，当时的原作者据称是W. S.；但现在看来，不管这个人可能是谁，他同这本小册子的写作毫不相干。他删去了一些段落，增加了一项重要的内容；就大部分来说，他满足于修改暴露内情的语句，没有花什么工夫把工作做得合乎现代的要求。可是，虽然关于W. S.的姓名和身份已经产生了许多争论，人们对他有权自称为作者这一点却似乎并无重大的疑义。一位有胆量的出版商在1751年大胆地把这篇“对话”说成是威(廉)·莎(士比亚)写的；虽然这种突兀的意见使它不能在很大程度上被人接受，但人们认为可以相信这本小册子是描述莎士比亚青年时代的英国状况的作品。事实上，人们已经大体上承认它是描写伊丽莎白统治时期后半叶的英国社会状况的一本主要的权威著作，尽管它同哈里森笔下的内容有明显差别。然而，肯特郡的文物收藏家威廉·兰巴德在他那份“对话”上所写的按语却有效地排除了W. S.提出的自称为作者的理由，证明这本书早在它出版的那个日期以前就写成了。“请注意这本书是在1581年由一位W.S.用《略论英国政策》这一书名印刷出版的；另一方面，它早就出诸于圣托马斯·史密斯(像有人所说的)或约翰·黑尔斯先生(像其他人认为的那样)的笔下，其年份在亨利八世或伊丽莎白六世当政的时代。我早就拥有的这份原稿，据我判断是在1565年写成的。”[①]这个资料从一种新的角度显示出了与“对话”有关的一切问题。这个新版本目的在于按照已知的最早形式提供这篇论文，并显示出W.S.在他于1581年付印前所作的修改和变动。我们不能再把作者是谁的问题看做单纯讨论W.S.的身份的问题，而是必须借助于论文的最早形式所提供的内在的证据来重新加以考察。如果我们认为“对话”的主旨在于记录一次实际的谈话，并审查它所提供的可能发生这次谈话的日期和地点的明确迹象，那么，可以用来推测的范围就很狭窄了；当我们确定了关于时间和地点的范围时，我们就能够考查证据，以辨明参加那次辩论的人物的真实姓名，特别是辨明那位叙述整个问题的爵士究竟是谁。因此，书面报道“对话”的日期问题应当被认为与发生谈话的日期问题截然不同。这种种要点经过仔细的探讨，就会接下来在很大程度上有助于我们了解“对话”所涉及的事项和当时环境的性质，即使人们认为作者

① 这个注释复制在插页图四上面。尼科尔斯在其关于兰巴德原稿的目录中(不列颠地志图书目录〔肯特郡〕，第512页)提到它，但他把注释读作“托马斯·史密斯爵士或约翰·耶茨”。只要比较仔细地审查一下字迹，就可看出这是一个错误；H的写法很特别，甚至兰巴德自己也不常用；但他偶尔采用这个形式，例如他在1585年7月29日一封信的最后一行所写的Hallyng一字中的H那样(不列颠博物馆科顿·朱利叶斯普通本第25页)，在注明日期为1584年12月2日的一封信中也有这同一个字(不列颠博物馆兰斯多恩43，第44页，第21号)。

选定的那种讨论问题的方式不过是一种写作手段而已。

二、“对话”的日期

在我们找到一条线索，了解到谈话的日期应如何确定以前，我们大可不必深入地仔细阅读“对话”的内容。第一句谈到英王陛下有关圈地问题的委任。关于这项引起热烈争论的问题的重大委任，发生在早于1565年的1548年。在那一年的6月，任命了6位委员[①]去调查英国中部一些郡的情况，因为那里把公地圈为牧场以饲养绵羊的做法已进行到极大的规模。这项任命的提出，是为了减轻民众已在康沃尔郡暴动中形成的不满情绪。然而，这一措施并没有产生令人满意的效果，因为委员们在某些郡的行动似乎已经给反抗提供了借口[②]，在下一个夏季，人民“一部分为了圈地，一部分为了宗教，在英国多数的郡里爆发成为一场可怕的公开叛乱”[③]。“对话”有几处提到社会骚动的情况，一位发言人说那些骚动是由于圈地，另一位认为它们起因于有关宗教问题的争端。如果说那次谈话确实发生过，那它一定发生在1548年发表任命圈地委员之后。

提到这个问题的其他几处地方使我们能够更确切地认定具体的日期。博士抱怨政府采取的错误政策，由于这种政策，国内制造的一切布匹“已按最后一次向国王提供特别津贴每英镑征收12便

① 斯特赖普：《教会编年史》，第二卷，第147页。

② 同上书，第二卷，第149、268页。

③ 斯特赖普：《约翰·切克爵士》，第40页。

士的税则"课税。这项异乎寻常的实验曾于爱德华六世在位的第三年试行过。1549年通过了一项"在三年期间减少谷物、绵羊和衣服等商品向国王提供特别津贴的法案"[①]。然而，在这项法案实施以后，政府又逐步加以取消。1549年11月16日，"德文郡的若干服装商提出了恢复救济成衣业法案"的议案[②]。同月18日，《下议院议事录》中有这样的记载："下议院议长先生应会同下院的国王枢密顾问和下院的十二名其他议员成为恳求人，通过陛下的枢密院以了解陛下的旨意，如果根据他们微末的恳求，他们可以在下午四时讨论最后一次救济成衣业和饲羊业的问题的话。"[③]这项请求得到了允准[④]，11月11日一项新的"豁免最后救济法案中规定的饲羊业和成衣业部分负担的议案，以及另一项准予再实施一年的救济谷物种植业的议案"，在下院初次宣读。[⑤] 它很快就通过了几个阶段，于1550年1月17日在上议院第三次宣读。[⑥] 因此，1549年夏是对国王支付特别津贴的仅有的一个夏季，并且我们完全有理由可以相信，这就是博士在对话中提到的那个夏季。

这篇论文还特别提到同一夏季的另一事件。在由商人之口发表的第一批谈话的一段中，他抱怨说，虽然引起开支浩繁的一些因素已被抑制，经济繁荣却并未增长。他所列举的开支增多的原因

① 第二和第三版，第六卷，第36章，第8、9节。《下议院议事录》，1548—1549年2月14日。

② 《下议院议事录》，第一卷，第11页。

③ 同上书，第一卷，第11页。

④ 同上书，第一卷，第12页，1549年11月20日。

⑤ 同上书，第一卷，第13页。

⑥ 《上议院议事录》，第一卷，第381页。

是“舞台表演、幕间穿插、五朔节游戏、通宵宴会、纵酒狂饮、狩猎赌博、摔跤比赛等等”。1549 年 8 月 6 日发布了一项公告[①]，“禁止赌博”。“国王陛下……命令其一切臣民……从目前 8 月 9 日起至下一次万圣节到来时为止，不得有任何人公开地或秘密地用英语表演任何种类的幕间话剧、对话或其他以戏剧等形式演出的题材。”[②]关于摔跤，在《赖奥思利编年史》的 1549 年部分记载着这样的事项：“摘要：郡长们的一所法院规定，由于诺福克郡和我国其他地方发生骚动，今年应当制止和停止摔跤比赛。”[③]翌年，准许举行摔跤比赛[④]，1551 年准许举行“摔跤和射击比赛”[⑤]。

此外，论文中关于铸币状况的述评同 1549 年的事态十分吻合。在讨论这个问题时，博士说明，当硬币的价格上升时，商人们立即搜罗旧币，把它运出国外。1549 年 4 月 11 日发布了一项公告，指出有些人已经如何把金币特别是旧币运到国外去，声明要禁止这种行为，否则定予严惩。[⑥] 同一份公告还宣布，“海外有关方面的一些人企图秘密地大量伪造头像银币、先令、格罗特以及国王陛下铸造的其他银币，把它们运进我国”，因此责成海关对那些伪币勤加搜查。[⑦] 从国外运入的伪币在论文中也被提到了。“我国

① 斯特赖普：《教会编年史》，第二卷，第 270 页。

② 《公告汇编》，页码 66。〔不列颠博物馆 C. 12. b. 17〕

③ 《赖奥思利编年史》（卡姆登学会），第二卷，第 21 页。

④ 同上书，第 42 页。禁止幕间穿插演出的禁令要求普遍执行；但有关摔跤比赛的条文仅涉及伦敦，它似乎表明，禁令仅为一时的权宜之计。看来有必要获得当地的资料以证实这个结论。

⑤ 同上书，第 54 页。

⑥ 《公告汇编》，页码 30b。

⑦ 同上，页码 32b。

的旧币安琪儿以前不过值20格罗特，现在却值30格罗特了，其他的一切旧币不是也按这样的比例涨价了吗？可是我想，纵然银币的价格涨得很多，从原来的20格罗特涨到30格罗特，银币还是不可多得”（本书第90页）。在爱德华统治时期之初，安琪儿值8先令，在上文引证的公告（1549年4月11日）中，它涨到9先令8便士[①]；1551年，每个安琪儿值10先令。这最后一项乍看起来似乎就是作者所提到的“值30格罗特的安琪儿”，但我们必须记住，在价值为10先令的安琪儿发行以前，人们对格罗特估定的价值已有两次下降，合9先令8便士的安琪儿在通常交易中可以很容易地被当作至少值30个劣质格罗特的货币使用。[②] 1551年7月，格罗特从4便士降到3便士，同年8月又从3便士降到2便士，在第二年的10月格罗特被回收，在那个月份铸造的新币（10先令的安琪儿占其中一部分）中，没有发行格罗特，至少没有发行4便士、3便士或2便士的格罗特，而当时格罗特这个名称指的是12便士一枚的货币。[③] 按“30格罗特”计值的安琪儿很可能是在1549年出现的。

这里指出的各点十分清楚和确切地证明，我们完全可以断言，作者当时是在描述他在1549年秋季所了解的英国的状况。

---

① 《公告汇编》，页码31。

② 请参照《减少国币发行量等等的政策》。“如果他想把金币贮存下来，那么，他本来一部分按6先令8便士计值了三十年的安琪儿即将值10先令或接近这个数额。”第8页。

③ 请参照1551年10月爱德华日记中的记载。“委任铸造5先令、半个5先令、格罗特、6便士、半便士和四分之一便士的事项随即作出决定，并签署文件。”《遗稿》，第346页。

三、“对话”的地点

“对话”开头谈到 1548 年圈地委员会的那一段不仅指出谈话的日期，而且指出谈话的地点：它发生在委员们所到地区范围之内的一个城市。这些圈地委员的巡视活动都有记载，所到地区包括牛津郡、伯克郡、沃里克郡、莱斯特郡、白金汉郡和北安普敦郡，而这些郡的仅有的几个城市是牛津、考文垂和彼得博罗。这三个城市中的一个似乎就是举行“对话”的场所；其中两个可以立即排除在外，不值得考虑。在都铎王朝时代，牛津和彼得博罗都不是重要的工业中心，而“对话”所在的城市却与它们不同；彼得博罗也没有衰落，因为在亨利八世统治时期企图复兴凋敝城市的法令中并未提到彼得博罗；商人和制帽商关于所居城市昔富今贫的怨言似乎并非针对那两个城市而发(本书第 33、34 页)。就考文垂来说，情况却有所不同；那里已经建立起了若干生产毛织品的工业，在基督教改革运动之前该城是个繁荣和兴旺的城市。该城的修道院以及其他宗教机构的遭受破坏使其面目全非。达格代尔对此作了生动的描述：“他们的商业活动不久以后变得一蹶不振，因为在不幸的经济崩溃以前常常大批聚集到那里去的人不见了，成千上万的居民为了谋求较好的生活，不得不放弃那个城市。那时颇有名望的约翰·黑尔斯(他对历史的回忆现仍脍炙人口)曾向当时担任护国公的萨默塞特公爵指出，那时的居民不超过 3 000，而根据他的回

忆，原来的居民却有 15 000 人之多。”[1]

所提到的其他一些事情也将同我们对考文垂了解的情况相符合。商人谈起的那所慈善收养院很可能就是设在考文垂的福特慈善收养院，该院由于它那雕刻精美的木结构山墙而足以证明从前一位市长威廉·福特的乐善好施的可贵精神。他是经营主要商品的商人，设立那所慈善收养院的目的在于救济 5 个男人和 1 个妇女，他每星期给他们发一次生活费用。[2] 该院建筑在方济各会修道士教堂的附近，所以按那时考文垂的边界来说是在“城市的尽头”。

有些地方谈到考文垂的贸易，他们纵然不是想要使人了解当地的特殊情况，也至少表明他们是非常关心该城的福利的；它的衰微据说与丧失一项主要的行业、即蓝纱线制造业有关（本书第 133 页）。此外，仅仅选择一个制帽商来为手艺人说明问题这一点是同我们对考文垂所了解的情况完全合拍的，而那样的说明如果应用于英国的其他各地，就不会合适；制帽业在都铎王朝时代似乎就已经散布很广，但在英国的许多地方，还没有顺理成章地把这一行业的从业人员确定为具有代表性的工匠；莎士比亚时代的工匠是没有一个从事这种行业的。然而在考文垂，一个制帽商完全可以成为一名富裕的工匠，因为在这个城市里制帽业是个规模很大的重要行业；在 1525 和 1533 年，一位制帽商曾当选为市长，到了 1549

---

① 《沃里克郡》，第一卷，第 146 页。如果所说的 1479 年瘟疫夺去了该城 3 000 人的生命或者该城及其管辖地区 4 550 人的生命，这一报道并非虚构，上述关于人口的估计似乎不算是言过其实。

② 达格代尔：《沃里克郡》，第一卷，第 184 页。

年,这个职位由威廉·桑德斯充任,他也是个制帽商。1525 年,当制帽商尼古拉斯·海恩斯担任市长时,他积极参加了反对圈地的活动(《旺利收藏品》,不列颠博物馆,哈利手稿,6388)。制帽商在"对话"中对庄稼人的重大疾苦表示的同情(本书第 61 页)在实际生活中有发人深省的类似之处。

四、"对话"中的人物

Ⅰ."对话"的意图是要由参加谈话的爵士把内容报道出来。这种提出问题的方式在这篇论文的牛津大学博德利图书馆保存的手稿中到处可见,而"我说"这一短语在爵士的发言中是经常出现的。爵士这个人物在开头的句子中也有所表明,因为他谈到他自己曾亲自参加有关圈地问题的委员会,并安排这方面的调查研究工作(本书第 29 页)。按照委任条款[①],治安官也应出席,但那句子似乎是说爵士曾在整个事件中起主导作用,这无论如何是同人们认为这个人物就是约翰·黑尔斯这一推测相符合的,因为他是委员会的主要成员,惯常在活动开始时给人安排任务。他于 1548 年 8 月以及再次于 1549 年 8 月在考文垂忙于处理这项工作;在那中间的开会时期,他曾积极参与争取议会通过他根据调查结果提出的三项议案的活动;斯特赖普对他的努力及其失败的经过已经加以论述。[②]

① 斯特赖普:《宗教编年史》,第二卷,第 350 页。

② 同上书,第二卷,第 210 页。

表明爵士这位人物的第二个迹象出现在本书第78页，他在那里谈到，当一项抵制外国便帽输入的保护性议案被提出时他在议会的一段经历。这一问题几个朝代都曾有议员在议会提出；外国制造的便帽在1512年被禁止输入；1529年撤销了禁令，并对外国制造的便帽规定了价格；这种安排似乎在爱德华六世在位的整个期间都没有变动，并在玛丽女王统治时期又重新得到肯定。然而，在1548—1549年的会议期间，“关于礼帽和便帽的法案”被提了出来；它在1月5日和24日由下议院进行讨论，但以后似乎就不再有任何进展。亨利八世曾同法国达成协议，新近又签订了一项条约来巩固两国的关系，因此，维持同法国的协议无疑是很重要的；实施含有敌意的关税势必会给两国的关系蒙上阴影；它还可能产生同其他国家的矛盾。

爵士表示关切的另一点来自同一届会期议会的讨论（本书第130页）。在以三年为期放弃城市和城镇的世袭地的法令中，采用了一项特殊的条款，规定世袭地的地租仍应征收，其款项专门用于修葺城墙和桥梁，并使衰落的城市和城镇中的贫民有工可做。这个法令似乎是由黑尔斯负责处理的。[①]

黑尔斯同考文垂的关系是密切的和重要的。他曾得到亨利八世赐给的圣约翰医院，连同修道院解散后拨给的大批房地产[②]，并且他忙于奔走，把考文垂的衰颓情况向护国公详加陈述[③]，希望另

① 《下议院议事录》，第一卷，1549年3月1日。

② 达格代尔：《沃里克郡》，第一卷，第180页。请参照本书第51页。

③ 同上书，第一卷，第146页。有关这个问题的法令，已于1549年1月12日在下议院提出。《下议院议事录》，第一卷，第6页。

外获得一些特权[1]。总起来说，他似乎很可能就是“对话”中爵士的原型人物。

有三种反对意见不妨在这里提一下。约翰·黑尔斯看来并没有什么军事经验，而爵士讲起话来却仿佛他是对军事有经验似的（本书第37、94页）。黑尔斯跛足[2]，以具有畸形脚的黑尔斯著称。此外，黑尔斯并非爵士；他担任过与财政部有关的宝贵职位，因为他是衡平法裁判所文件登录费收纳处的秘书，但他看来从未得到任何高于乡绅的地位。还有，爵士谈到他的儿子（本书第35页）；但黑尔斯没有结过婚，他的产业传给了他的侄子。

Ⅱ. 没有具体地提到一些线索，能够使我们认出“对话”中博士的原型；但是有许多笼统的考虑使我们至少能够认定这个人物是从曾经担任伍斯特主教的休·拉蒂默那里汲取的。在其著名的布道中，拉蒂默谈到了博士所论述的许多题目——圈地、降低成色的铸币、高级教士的玩忽职守和各大学的衰败——他关于这些论题表示出来的观点非常类似出诸博士之口的见解。除了博士发表的言论以外，如果我们再注意他闭口不谈的问题，那种可能性或许就更加明显了。拉蒂默是个改革者，但他相比之下不大关心当时争论得非常激烈的教义问题[3]，关于这些论题博士谈得很少，或者根本没有提及。而且，谈话中间没有谴责修道院，也没有对这些机

① 一件新的特许状最后同意给予额外的特权，见达格代尔：《沃里克郡》，第一卷，第146页。

② 同上书，第一卷，第186页。

③ 请参照他的传记作者吉尔平和德莫斯对他的性格和观点的概述。

构脱离教会管辖这一点表示热情;同时我们也许记得,在"新学派"[①]的主教中只有拉蒂默竭力主张在每个主教管区保存两所修道院作为研究新学问的中心。博士担心研究学问的气氛遭受挫折(本书第37、45页),这似乎是同拉蒂默对此问题的态度相一致的。

在剑桥大学期间,拉蒂默曾经热心主张用英语翻译和传播《圣经》,本书作者对此也许是赞成的(本书第37、144页)。然而,博士关于在尚未成熟的条件下竭力主张运用个人评判的权利这种观点(本书第144页),使人想起拉蒂默出席评判委员会以判定肯特郡的琼氏有罪的情景。拉蒂默要求实行的其他改革主要是关于包括勒索捐献在内的教会积弊。作为一名教区牧师,以后又作为一名主教,他曾坚决认为一位常驻的牧师具有重要的意义[②],事实上,他所孜孜以求的是改革教会的管理工作而不是改革教义。由于他对所需要的主要改革的性质抱有这种看法,他发现追随他的人为数较少;但这种看法显然是博士所坚持的(本书第137页)。

无论如何,拉蒂默在考文垂那一带也颇负盛名。沃里克郡的一部分曾包括在他的主教管辖区之内,他在那里有许多朋友;在爱德华六世统治时期,他在巴克斯特利居住的时间很长[③],贝肯以极大的兴趣回顾了亨利八世在位的后期同他在该郡晤见的情形[④]。不仅如此,我们还应当根据"对话"来推测,博士占有牧师的地位

① 指十五、十六世纪对于在英国传播的宗教改革学说和原文《圣经》进行研究的一派。——译者

② 吉尔平:《拉蒂默传》,第46、59页。

③ 达格代尔:《教会编年史》,第二卷,第1054页。

④ 贝肯:《著作集》,第二卷,第426页。

（本书第136页），并且也许是一位主教（本书第139、140页），但他在谈话中并未表现出他实际占据高位和负有重大责任的迹象。他发表的议论肯定同拉蒂默在谈起自己时只讲过去的情况这一习惯的态度相一致①。

这些巧合至少是奇怪的；我们不应当希望在“对话”的语言中找到与教堂布道坛上使用的语言相同。拉蒂默的布道态度是十分激烈的，他的席间闲谈无疑地在格调上大异其趣。博士唯恐自己的话讲得太随便（本书第58、118页），这同拉蒂默在激烈的发言可能产生不利影响时有所保留的态度不谋而合②。然而，在1550年拉蒂默关于大斋期的布道和“对话”之间，有两点巧合得相当奇怪。有关滕特登尖塔和桑威奇港的故事终于在布道中讲了出来，而博士在“对话”中则对此作了不正确的比喻（本书第107页）。在同一次讲道中，威廉·沙林顿爵士被举出来当作要求恢复原状的事例；对于他的行为的这种非常宽宏大量的看法，不合托马斯·史密斯爵士或议会的心意。在“对话”中，一位名叫奈特的造币厂官员被列为具有同样美德的例子。使得这种无独有偶地间接引证事例的做法显得更加奇特的是，讲道是在1550年才开始的，而“对话”则似乎可以说是在1549年秋季举行的。如果它们并非单纯是巧合，它们很可能是作者依稀地回想起拉蒂默在谈话中所用的例证的结果，后来拉蒂默又在讲道时采用那些例证的。

①　拉蒂默：《讲道稿》，第154页。

②　参照拉蒂默的《讲道稿》，“我对你们讲的话很不客气，但我用的是拉丁语而不是英语，是对教士而不是对教外人士讲的，”第46页；“我曾在你们这个边远地区讲道，就像我在公爵大人面前讲道一样，是个十足的傻瓜，”第135页。

在一处地方，博士的见解并不确切地同拉蒂默在关于同一论题的讲道中表达的观点相吻合。在讲道中，他只是谴责了贪婪和贪欲；在“对话”中，博士所采取的方针为承认追求私利是一种可以由贤明的政治家指挥的巨大力量。这种关于个人私利的注重实际的原则，在整个十七世纪和十八世纪的大部分显然盛行一时，但它在作者撰写“对话”的时候却并不常见。它在黑尔斯的《指控》、拉蒂默的《传道讲稿》或斯塔基的《对话》中没有地位。斯塔基曾谈到个人私利与国家利益有可能并行不悖的理论[①]；他说波尔[②]认为使个人利益与国家利益互不发生矛盾的状况是可以达到的，其办法是教导人们了解到，他们的个人利益归根结底包含在国家的利益之中，如果他们促进国家的利益，他们最后也就会在实际上促进他们自己的利益。然而，博士提出的控制和指导个人私利的意见却比较切实可行。拉蒂默很可能抱有这种观点，但认为没有必要在布道坛上强调这个问题。

Ⅲ. 我们似乎没有希望能够辨认出“对话”中三个比较次要的人物即庄稼人、制帽商以及商人或布商中的任何一个。仅在一处有个线索足以表明，任何具体的个人都是经过考虑的。本书第34页上布商谈到了他的岳父，这位岳父不久以前已经恢复了该城旧有的税则，希望这个当时有些凋敝的城市在很大程度上得到补救。在考文垂的文件堆中进行一番比较彻底的查找，也许最后可以弄

① 《亨利八世统治时期的英国》(E. E. T. 协会)，第33页。

② 雷金纳德·波尔(1500—1558)，英国红衣主教，罗马天主教最后一任坎特伯雷大主教。——译者

清这位关心平民疾苦的人的身份，并使我们能够发现此人的女婿是谁。我们已经作过努力，企图解释恢复该城旧有税则的经过；如果这一点得到确定，那么威廉·威奇斯顿似乎就是那位经营布匹的商人，他那时也许还活着，但在 1549 年他一定是很老了。关于制帽商和庄稼人（他又是牧场主，见本书第 69 页），根本无法推测他们是谁，除非把他们当作手艺人或庄稼人的典型而外，似乎不可能又作别论。此外，制帽商威廉·桑德斯在 1549 年担任考文垂的市长，作为牧场主或屠夫的 R. 尼克林于 1550 年继任此职，可以说是一件奇怪的巧合。当时一些不同职业的著名公民可能很容易跟拉蒂默和黑尔斯欢聚一堂。

五、原作者

关于作者身份的仅有的一些迹象可以在序言中找到，因为他在那里提到关于他自己的三件事实。他不是国王的枢密院成员；他是一名议员，有一段时间辞掉了其他职务。也许可以更概括地说，无论在政治问题还是在宗教问题上，他一定对于博士这位公认的代言人的观点表示同情；他是个学者，博览群籍的造诣使他能够按照他那种方式提出论据，其中多处涉及古典文学和当代文学。

根据兴趣和所受的教育来看，似乎最有可能大约在这个时期写出这样一篇论文的人是约翰·黑尔斯，我们在前面谈到他的时候认为他也许就是“对话”中的爵士的原型。他的生平事迹似乎表明，他的情况可以符合序言中列举的一切条件。他是一名议员，在爱德华六世的第一届议会中代表兰开斯特郡的普雷斯顿港出席会议[①];他并不是1553年议会的议员,在他于1562年代表兰开斯特议员选区出席议会以前也没有进入其他任何一届的议会[②];另一方面,他看来没有在国王的枢密院任职[③]。他的"答辩"指出[④],1549年夏季他在英国,但另一项有关他的线索表明,他曾一度离开英国,可能是由于圈地问题委员会引起的风潮。他的兄弟克里斯托弗·黑尔斯也不了解他的行踪,因为前者在1550年5月24日写信给格尔特的时候还请他万一前往苏黎世时务必代为向他的哥哥问候[⑤];1552年,约翰·黑尔斯肯定是在斯特拉斯堡[⑥];在女王玛丽统治的时期,他住在国外;我们在法兰克福的英国流亡者中间听到有关他的情况[⑦]。我们可以说,他在大陆的时期是会摆脱其他事务,抓紧时间根据他在1549年的亲身经历,撰写这篇关于英国状况的论文的;这也有助于说明所提到的较晚时期发生的事情,例如在女王玛丽统治时期对布匹大量增税的措施。

① 《议会议员报告书》(1876年会期文件),第一册,第375页。

② 《议会议员报告书》(1878年会期文件),第一册,第404页。

③ 但请参阅本书第125页。

④ 《枢密院法令》有几处地方提到付款给他的事情,他显然是在1547和1548年以衡平法裁判所文件登录费收纳处秘书的身份领取那些款项的:最后一次是在1549年2月25日。在以后几卷没有出现黑尔斯的名字,但我们掌握两封信件,一封是写给文件登录费收纳处的主计员波尔的(1551年12月26日),一封是写给收纳处的(1552年12月29日)。

⑤ 《原文信件》(帕克学会),第99、100号,第188、189页。

⑥ 克兰默:《著作集》(帕克学会),第435页。《苏黎世信札》(帕克学会)中可以看到他的签名,由此推断也许能在苏黎世找到有关他在"对话"中讨论的问题的文件。承蒙萨斯普沃思教授仔细查找,但毫无结果。

⑦ 斯特赖普:《教会编年史》,第三卷,第404页。

也许有过一次实际的谈话至少给"对话"提供一点启发，正如托马斯·莫尔在考文垂发表的谈话一样，而登场人物也许是从一些知名人士的原型得到启发的。凡是表明爵士可能从黑尔斯脱化而来的迹象也足以显示出，黑尔斯所具有的专门知识使他适合于成为"对话"的作者；有一两句话使人想起他的"指控"；但想要全部用文学笔调加以表达的企图，可能已经产生那种在描写和比喻上特别明显的偶然意义含混的弊病。当时爱好文学的兴趣在把人物冠以虚假名字的其他对话中也有表现①，这种兴趣很可能使一个作家过分倾向于忽视明确的关联，使人物蒙上一层薄薄的面纱。例如他写道，"我曾经在一届议会中……"（本书第 78 页），而那时他却是在谈到上一届会期的事情。这种模糊不清的表述在有些情况下可能是偶然的；特别值得注意的是采用文学笔调的联想，它作为谈话的内容显得文采飞扬，但给人的印象是作者的笔下缺乏事实根据。

就总的情况而论，黑尔斯当然可以说是他的同情和关切的情感贯串了"对话"中所谈论的一切问题，他那渊博的知识使他能够游刃有余地把问题写下来，另外他还有机会清楚地了解当时考文垂及其附近地区的状况。也许看起来有点奇怪的是，如果说他是作者，那么为什么像威廉·兰巴德这样的同时代人不了解所谈到的事实呢？可是，黑尔斯晚年的大部分时间是在国外度过的；虽然有一段短暂的时间他在女王伊丽莎白统治下得到器重，但由于他发表了有关王位继承问题的意见，不久就失宠了。他可能不愿承

① 如在莫尔的《乌托邦》、威尔逊的《高利贷》或贝肯的《珠宝》中。

认或发表一篇反映亨利八世和爱德华手下枢密顾问的智慧的对话（本书第110页），他关于教会问题的观点似乎比博士发表的见解先进得多。在这种情况下，“对话”没有在他有生之年印刷出版，似乎是不足为奇的。

虽然有这种分量很重的内在证据足以证明约翰·黑尔斯是“对话”的作者，但根据威廉·兰巴德的另一种意见，也有几分可能认为“对话”是托马斯·史密斯爵士的作品。按写作日期推算，他那时是大臣和枢密顾问，但他在爱德华六世统治时期并不是议会议员。他受聘担任大臣，于1548年出任驻布鲁塞尔大使。他似乎曾经潜心研究教会问题，但他好像同圈地问题委员会无关，当圈地运动引起人们密切注意时，他不在英国；此外，没有听说他同考文垂城有任何关系，他在1549年也没有多少时间可以摆脱自己的业务。他很关心有关铸币的问题，但他的观点似乎同论文中所表达的观点相反。斯特赖普这样描述道：“当头像银币（在亨利八世时期曾大量铸造）和其他劣质硬币最近经过磋商要加以纠正时，史密斯也在这方面受人利用，写了一封信给护国公，谈到造币厂在铸造这类货币时所产生的利益，从而使人比较清楚地了解这本即将出版的著作。”[①]但是，这样概括地说明的观点看来显然是在“对话”中受到谴责的（本书第49、96页）。斯特赖普遗憾地说，当他写书的时候，这篇文章连同托马斯·史密斯爵士的其他文件都遗失了。现在看来，这篇遗失的文章在内容上可能同题为《使英国本土臻于繁荣富裕之境的政策》的手稿相一致。这篇文章本身所提供的证

① 斯特赖普：《托马斯·史密斯爵士传》，第36页。

据表明，它写于 1549 年，其中不乏堪与“对话”媲美的饶有趣味的论点。那部手稿现由福克斯韦尔教授保存。

六、手稿和版本

Ⅰ. 威廉·兰巴德先生收藏的手稿，如今仍由其后裔保存，内容颇饶兴趣。它是小四开本，所用的墨水异常精美，用精制羔羊皮纸装订成册。它写于 1565 年，因此是在约翰·黑尔斯先生生前的时候。

尼科尔斯在《不列颠地志图书目录》中提到这本手稿。装订是原始的；因为纸边比较粗糙，每行末一个字母纤细的向上一勾往往写到下一页边上，这些都足以证明，纸张似乎不可能在写上字以后重新经过装订。手稿是用十七世纪的书写体署名的：“手稿……物资供应不足的原因，W. 史密斯著……1565 年。”有关这项说明的重要意义，将于下文加以讨论。

这个文本没有标题，没有目录，但正文是完整的，除了在若干地方有些片语或句子由于抄写人的疏忽而漏掉了；还有许多明显的错误，足证抄写人的学识很差，工作做得马虎。有少数地方，在兰巴德的手里作了改正；有几行正文由他誊抄，他还在页边和册子的衬页上写了一些注释；但似乎没有想要系统地仔细检查文书的工作。

Ⅱ. 另一手稿在各方面有很大差别。似乎无法追溯它早期的来历；它属于泽西伯爵，并被说成是《历史手稿委员会第八份报告》。它如今收藏在牛津大学伯德利图书馆，从装订上看，它甚至是在1565年以前写成的;其笔迹完全同我们对其早期时间的推算相符。它包含目录和自始至终的边注;虽然它在第三次对话的末尾省略了几句,这份手稿的正文与兰巴德抄本的正文之间没有重大差异。另一方面,博德利图书馆的抄本却令人惊奇地避免了任何种类的誊抄错误;在新的一行开始的地方,有一两处无关紧要的疏忽,但句子的段落和标点是通篇被仔细地注意到的。这个册子有两种不同的笔迹;每一处的边注看来是由文书在抄的时候顺手写上的,虽然边注的语调与正文的语调截然不同。在手稿的较前一部分,出现第二个人的若干改正。这个手稿每页留有用线画出的廓边,很少有收缩字体的痕迹。

虽然正文没有重大差别,但有许多较小的不同。发言人的名字出现在页边,也出现在正文中;爵士的发言开头有“我说”这样的短语,或者在几句话之后或在每一发言的开头有“于是博士说道”的字样。只有一两处地方这种由谁发言的交代文字并不在正文出现。此外,博德利图书馆手稿的文笔在几处小的地方优于兰巴德手稿的文笔;前者所用的英语要流畅得多,文中一再应用定冠词,使谈话更为精确。

这种种事实似乎可以使我们得出结论,博德利图书馆手稿文本同兰巴德手稿文本相比,是一种经过修改的、改进的文本。我们当然可以把目录表和边注看作说明各个发言人的文字,也可以把它们看作增加的部分;就前者而言,它们有时用得相当拙劣。现在看来,抄写人很可能并不单纯是文书,而是个考虑周到、学识渊博的人,他抄写时肯动脑筋,毫无顾忌地边抄边对原文作一些小小的改进。

Ⅲ. 版本。有以下这些：

1581 年　T. 马什印刷。

1751 年　查尔斯·马什重印。

1808 年　收入《哈利杂录》，第九卷。

1813 年　以小册子的形式印行。

1876 年　新莎士比亚学会丛书，第六辑，第三号。

就版本而论，第二版和以后几版都是根据 W. S. 发行的 1581 年版本重印的。他的《献辞》含蓄地声称他曾写了那篇"对话"，但是在他指出正文中一些改动之处的特征以前，最好不要急于讨论他的资格如何。然而，要评价其工作的特征，多少是有些困难的，虽则两份手稿的一致性使人容易发现他蓄意改动的地方。主要的改动是代之以一长段关于物价上涨的语句，这种物价上涨在伊丽莎白统治时期恢复重铸硬币之后就继续出现了。这个难题是用一种巧妙的方式来探讨的；它把物价的继续上涨归因于贵金属从新世界的流入。人们通常认为法国的博丹是最早把物价上涨的真正原因归诸于改铸硬币的作家；他关于这个问题的小册子出版于 1574 年[①]；如果说 W. S. 并非不受别人的影响，那他至少是听从了博丹的意见，并用英语加以传播的。

其他一些修改绝不是属于同样的性质；由于把明确的引喻变为意思模糊的措辞，这种修改的工作在今天看来多少有点马虎。关于圈地问题委员会的开头那一句提供了很好的例证；另一处谈到铸造劣币的一段保留下来了，但那是作为一种假设而不是作为

① 博丹也许是《论物价极端高昂的原因》的作者。

事实来论述的。W. S. 致力于改动显然是不适当的语句。对往事总是谈得很含糊——谈到二三十年以前的事；W. S. 并不试图介绍晚近的事件；当他认真下笔的时候，他并不简明而恰当地描述他那个时代的性质；并且他容许自己反映人们对一些问题的不满意见，而那些问题实际上已经有了某种改进。关于各大学的问题，肯定也是如此，因为从爱德华六世的时代起，各大学已经有了相当程度的复兴；关于圈地运动，也许只有部分的说法是正确的，因为它在1592年似乎不再是个严重的弊害了。关于 W. S.，不妨说他是个能力很强的作者，但是，虽然他已决定要把那本书当作他自己的作品，却没有花很多精力担负起改写的工作。

W. S. 的身份是个很难解释的问题。十八世纪的印刷商猜想那是威廉·莎士比亚，这一点是不值得讨论的；“对话”不会是莎士比亚的作品，在1581年时他还是一个十七岁的青年。安东尼·伍德认为那是威廉·斯塔福德，这种说法附和的人很多，但也并不令人满意。弗尼瓦尔博士在其撰写的1876年版的导言中详细地讨论了这个问题，指出上述的说法是没有价值的。

很有可能的自然是约翰·黑尔斯本人在他逝世以前修改了手稿。我们已经知道，他曾蒙受了耻辱，“献辞”的措辞不会是不合适的。与此同时，在恢复铸币的短暂时间内，黑尔斯似乎也不可能注意到那种措施的效果或意外的失效，并解释得那么清楚。另一方面，一位作者似乎也不可能像 W. S. 那样漫不经心地修改他自己的著作；也没有明显的理由可以说明为什么黑尔斯要采用 W. S. 这两个姓名的开头字母。

从“献辞”的措辞来看，W. S. 似乎在政治上是个重要的人物，我们有可能在当时的官方文件中找到他的名字。只有找到1581年以前的几年中被提到的W.S.,才可能辨认出他究竟是谁,而唯一的这个人就是托马斯·史密斯爵士的侄子威廉·史密斯。他在爱尔兰丢过脸,因为他曾在阿德斯岛经管过托马斯·史密斯爵士的新拓居地,难以顺利地确立他的所有权。1580年底他被伯父从爱尔兰北部召回,力图为他的伯父获得那里的产权但没有成功。除了墓志铭上的记载而外,我们对他的生平所知甚少。据墓志铭声称,他在1589年与布里奇特结婚,丈人为托马斯·弗利特伍德,世居白金汉郡,一度担任造币厂厂长。他可能就是这个威廉·史密斯,但没有足够的证据可以把这位颇受尊敬的郡中乡绅和文学骗子等同起来。兰巴德那份手稿背后的签署虽写明W.史密斯是作者,但那也可能是一位图书管理员的手笔,他不过是错误地概述了兰巴德在衬页上写下的注释所提供的资料罢了。

出版目前这个版本的宗旨,是要把已知的最早形式的"对话"提供给读者。文本的来源已如前述,兹不多赘。它包含兰巴德手稿的正文,但由于其中有许多疏漏和错误,必须根据其他抄本详加校订。还需要添加标点,因为无论哪一种抄本都没有遵守应有的标点方法。

序　言

鉴于人们针对我们如今置身于其中的英联邦的衰退发表了各种各样的怨言，其情绪比长期以来更为激烈，于是有些人把它归咎于一件事情，有些人把它归咎于另一件事情。虽然我不是国王的枢密顾问，不像他们那样尤其需要考虑和改革这方面的弊害，但我知道我自己是同一国家的成员，并应召成为下议院议员，而在下议院内，这类事情是非处理不可的，我不能置身事外；正如一个人坐在船上，当船有覆灭的危险时，不能说因为他不是船长或舵手，危险就与他无关。所以，既然目前能够稍稍摆脱其他的事务，我认为最好是趁此机会用我自己研究的心得来阐述我的见解。首先，人们所痛心的是什么，产生疾苦的原因是什么。在弄清这些问题以后，再探讨如何消除这类灾难，以及怎样重新整顿国家的现状。虽然你很可以说，才智胜过我的人不在少数；但正如俗话所说，蠢人有时也会一语中的，就像许多首脑和许多贤达人士一样。因此，虽然他们本身也许并不聪明，但他们越是增长了见识，就越能提供建议，因为一个人理解不了的事情，另一个人也许能够理解。智慧赋予人的才干是各有不同的。有些人擅长记忆；有些人精于判断；有些人机敏出众；有些人需要深思熟虑。虽然这些人并不各自都办事周密，无懈可击，但当每一个人贡献他的才能时，就会从全体中

间产生一个智力均沾的人(因为每个人的最优秀的天赋都汇集在一起了),仿佛那是个赏心悦目、精美绝伦的花环,可以用来装饰他的头部似的。所以,我希望不仅是在这方面博学多才的人(他们的判断我是首先愿意尊重的),而且还有商人、庄稼人和手艺人(他们在各自的行业中被认为是最聪明的),能够被任意容许和激发,来表达他们关于这个问题的观点;就他们的功绩的某几点来说,他们也许会透露出一个国家哪怕最聪明的人都无法重新阐明的见解。在所有的人中间,有条谚语或者一条颠扑不破的真理,即每个人在其最擅长的技艺中都是可以信赖的。难道那位杰出的画家阿佩利斯[①]没有认为,当他画出维纳斯的美丽形象让过往的每个人欣赏时,其目的在于(通过每个人对他艺术的鉴定)他可以经常改正自己工作中的缺点吗?他允许人们对他进行苛刻的批评,只要他们的批评不超出他们自己所擅长的专业知识的范围,而且并不贸然干预另一个人的事情。这样,人们也许会满足我们的希望,就像他们从前满足阿佩利斯的希望一样,然而,如果我越出自己理解的范围,妄发议论,我是愿意接受批评的。但是,这个问题还在很大程度上涉及一个国家的政策或优良的行政管理,而我既然是研究道德哲学的一员,我就要坦诚地向你抒述我的浅见,因为我相信你总是会对任何事情尽量作出恰当的解释的。这是应当在我们两人中间衡量和考虑的问题,不应对外发表;虽然我也许应当就此提出一些过去不宜公开谈论的问题,因为在这类产生争论的情况下,那样做是必不可少的;然而,从讲话的目的来考虑,我相信它们不会得

① 阿佩利斯,公元前四世纪古希腊著名画家。——译者

罪任何人。这是因为，如果一个人不肯对医生暴露他的脓疮，那是难以治好毛病的；如果一个人不说明暴饮暴食所引起的恶心的原因，医生也无法对症下药。所以，通过对话或谈话把事实真相说出来，在我看来是最好的论证方法；通过这种方法，许多道理经过反复讨论，正反两方面的意见都可一目了然。我认为，在谈论这个问题时，即列举人们所埋怨的普遍而共同的疾苦时，最好就采用那种方法。其次，讨论的目的在于弄清问题的真实根源。第三最后一点是，通过讨论来制订一些纠正各种弊害的计划。因此，我要向你说明一位爵士告诉我的近来在他与另外几个人之间关于这个问题的交谈内容；由于那种交谈发生在不同行业的人士之间，他们都对现状表示忧虑，而且据我看来他们谈得很透彻，所以我认为不应恝然置之，不加理会。他们是这样几个人：我最初提到的爵士，另外还有一位商人、一位博士、一位庄稼人和一位手艺人。那位爵士是这样详细地复述他们的谈话内容的。

第一次对话

爵士。在我和我国治安官同僚几天前宣布了英王陛下关于圈地问题的委任状并交陪审团负责掌管以后，我由于对人民的激怒和他们的喧闹感到不耐，想悄悄地溜到镇上一位朋友开设的酒馆里去吃一点东西(当时我腹中空空)；在去的时候带了一个我很欣赏其正直和明辨是非能力的诚实庄稼人。也许就在我们抵达那里，刚在一间幽静的休息室坐下来时，走进来一位城里的商人、一个仪态轩昂的可敬的人，他要求上述的庄稼人去同他一道进餐；不(我说)，我相信他不会离我而去，虽然他同你在一起会吃得更好。

商人。于是那商人说，我要回家去取一盘留在那儿的野味馅饼，召请我曾约来就餐的一位朋友和邻居。并且我们要斗胆地同所有在这里和你作伴的人寻欢作乐。至于我的客人，你对他也并不陌生；因此我相信，我们有你们陪伴以及你们有他做陪，都会感到比较愉快。

爵士。他是谁?

商人。潘多修斯博士。

爵士。真的吗？我保证会竭诚欢迎。因为我们将从他那里得到可靠的消息和明智的见解；因为他以博学强记和聪颖过人著称。商人立刻去请他，他来到我们这里；与此同时，一个诚实人，也就是那镇上的一个制帽商，有话来同上述的商人洽谈。于是，在我和博士先生彼此寒暄几句（按照你们所熟悉的规矩）并重叙长期以前缔结的友谊以后，我们大家就座。当我们已经吃了一点东西以满足我们的饥肠时，博士对我说。

博士。我相信，你们常常自找麻烦，并使别人费尽心力，因为你们是每一个地区的治安推事，几乎每星期都接受委任，开庭审讯，而他们却不得不抛开家里的农活，出现在你们的面前。

爵士。情况确实是这样，但必须对国王尽责，并努力促进公共的幸福。上帝和国王并没有给我们目前这样的贫困生活，因此我们应当在自己的乡邻中间广泛地做许多有益的工作。

博士。要是你有这样的看法，那就很好了；因为造物主已在你们以及其他所有那些注视着造物主的明亮灵光的人的心中埋下了那种信念；正如博学之士已经铭记在心的那样说道，我们不是单纯倾向于依靠自己，而是至少部分地倾向于利用我们的本乡、我们的父母、我们的亲属，并且还会部分地利用我们的朋友和邻居；因此，一切优良的德性自然而然地植根在我们的心中，其意向在于为别人广施善举，从而在人类身上展示出上帝的善行广泛地布施其他人众，不像任何吝啬鬼，也不像任何妒忌心炽的家伙。其他的人与那神圣的形象毫无相似之处，所以他们不去研究别人的共同优点，而只是揣摩如何保全他们自己，如何扩大他们同类的队伍。因此，如果我们想要使人认为我们与上述那些十分卑鄙的人截然不同，酷似异常杰出的神，那就让我们对别人行善，不要专门企图减轻自身的忧患，因为这种行径与野兽无异，而是要敦品励行，以便使我们同神的形象相似。

庄稼人。尽管你们和你们的家属费尽一切心机(意思是由于我),我手里也不会有比眼前更坏的命令。所以我们曾经在自己的农业上丧失了比现今更多的工作日。

爵士。为什么会这样呢?

庄稼人。啊哟,这些圈地确实把我们大家都毁了,因为它们使我们为自己所占有的土地付出更高的代价,并造成我们由于财力不济无法拥有庄园的土地以从事耕种的局面;所有的土地都被占为牧场,或者用来放牧羊群,或者为杂交改良牛提供牧草。所以我近来已经知道,在我四周不到 6 英里范围内的 10 几张犁这几年都闲置在那儿;另一方面,从前 60 人赖以生活的地方,现在由一个人和他的羊群统统占领了。这种事情并不是引起人们骚动的唯一缘由,因为有了这些圈地,人们确实生活无着,无所事事;所以他们迫于贫困,渴望变革,希冀借此多少得到一点好处;并且很有把握地相信,纵然变革使他们碰到某种不愉快的事情,那也决不会比他们以前的遭遇更加难以忍受。何况各种物价非常昂贵,他们靠自己每天的辛勤劳动是无法生活的。

制帽商。我对此体会颇深,因为我不得不一反过去的习惯,每天把 7 便士给我那些爱奥尼亚人[①],然而他们还抱怨他们不能靠此生活。我完全清楚,他们中间最出色的庄稼人在年底也只能稍有积蓄;由于你所说的这种物价上涨,我们这些技工与过去不同,只好留下不多几个学徒,或者一个不留。所以,这座过去是人口众多的富裕城市(你们每一个人对此都有了解)目前由于缺少住户已经

① 希腊雅典附近的人。——译者

一片荒凉，陷于贫困的境地了。

商人。英格兰的所有城市，除伦敦而外，大部分都是如此；不仅是原来相当不错的城镇在房屋、街道和其他建筑方面已损坏不堪，而且它们乡间的公路和桥梁也多破残倒坍；由于到处萧索贫穷，谁也没有剩下什么财物，可以拿出来修理那些道路、桥梁和其他公共辅助建筑。虽然现今已经办理了许多对旧时代来说也是费用浩大的盛举，如戏剧演出、幕间插曲、五朔节欢庆活动、教区节庆、宴乐畅饮，以及以射猎、摔跤、赛跑和投石或投棒的方式进行的赌博，此外还有赦罪、朝圣、向教会捐献等其他许多事项，然而我看出，我们决不是更富，而是变得更穷了；关于这些，说来话长，不是三言两语所能形容于万一，因为眼下各物普遍昂贵的现象是我以前从未见过的，不仅是国内出产的东西，而且还有我们从海外购买的其他一切商品，如丝绸、酒类、油类、木材、染料、钢铁、蜂蜡、亚麻布、粗斜纹布、毛线、床罩、地毯以及各种壁毯和挂毯、各种香料，以及如白色和棕色纸张、喝酒和陈设用的玻璃器皿、窗用玻璃、别针、缝针、小刀、匕首、礼帽、便帽、提花织物、纽扣、花边等杂货；我了解得很清楚，所有这些东西的代价要比七年前高出三分之一以上。其次，各种食物同七年前一样贵，或者还贵一些，而就我所知，物价的飞腾并非来自天灾；因为我以往从未见过比目前更充裕的小麦、牧草和牲畜，并且感谢上帝，这七年来情况一直如此。如果这些圈地是上述物品或其他任何物品腾贵的原因，那么除非把它们废除，否则就令人深感遗憾了。

爵士。既然像你所说的那样，你有数量充裕的小麦和牲口，那么，这些圈地所造成的物价上涨的现象似乎是不会持久的；因为并非由于小麦荒歉我们才遇到这种物价上涨,因为感谢上苍小麦的价格很低,并且过去七年来情况始终如此。它也不会成为牲口价昂的原因;因为圈地也能养育大部分其他任何种类的家畜;然而我承认,各种各样的物品都价格很高,我自己以及所有像我这样的人确实感到十分悲伤,因为我们没有什么货物可以出售,除我们的土地外没有其他能够使我们赖以谋生的东西。你们三位,我指的是我的邻居庄稼人、你这位商人先生和你这位制帽商先生,以及各种工匠,可以很适当地保全他们自己;既然一切物品的价格比以前上涨很多,你们在再次出售你们的货物和所拥有的物资时就会同样抬高价格;可是,我们没有什么东西可以出售,从而也就没有机会抬高价格,以补偿我们必须再度买进的那些东西。

庄稼人。是的,你们抬高自己土地的价格,你们还把农田和牧场掌握在自己的手里,而农田和牧场经常是像我这样的穷人的命根子,乡绅却理所当然地只靠他们的土地生活。

商人和制帽商。商人说,我敢发誓,你说的话千真万确,制帽商也说了类似的话,另外还补充说,由于乡绅变成了牧场主,穷苦的手艺人很不高兴;因为他们现今并非每天能给他们的学徒和仆人供应食物和饮料,但是他们在饮食方面的花费比以前几乎增加了1倍;因此,我的许多同行和其他同类的人从前在死的时候都是富翁,能够在死后给妻儿留下很多财产,此外还留下一笔可观的遗赠供兴办某种善举之用,如修桥补路(各处的桥梁和公路都损坏颇多),或者购置一些地产帮助贫穷的新手开始从事手工业行业;而且,他们有时还在这种遗赠之外尽量拨出一部分剩余财物,供应一位僧侣或者为某个教区的教会兴建一座附属小教堂。现在我们不举债就难以维持生活，除了留下一两个学徒而外，根本就雇不起佣人了；因此，属于我们这个行业以及从事服装业或其他行业的爱奥尼亚人正在被迫失业，这些粗鲁的人多数在各处发生骚动，不仅使英王陛下而且使他的人民惴惴不安。你知道，多事之秋没有什么益处。

商人。你们确实知道，我的同行在这以前也已经在这个城市做了哪些值得注意的事情；你们知道在此城市尽头的那所慈善收养院，它是不久以前由我的一个同行设立的。这个城市旧的税则近来由我的岳父恢复实行，认为当时已经多少有些衰败的城市可以因此得到补救。然而它如今越来越凋零；以后它将变成什么模样，我可无法预测了。

爵士。先生，我知道你的抱怨确实不是没有道理的。同样确凿无疑的是，我和那些与我身份相类的人，我指所有的乡绅，也颇有理由，甚至比你们任何人有更多的理由发泄牢骚；因为我说过，既然各种物价普遍上涨，你们还可以根据你们的地位比我们生活得更好，因为你们可以并且事实上真正抬高你们商品的价格，正如食品和其他必需品的价格上涨一样。我们可不能这样办；这是因为，到我们手中的土地或者是买进的，或者是经过商定最后订明期限抵押进来的，要不然就是我或我的祖先在过去时代继承下来的其他产业，我从这些土地得到的收益确比以往多一些，或者所得的租金比以前高一些，但除此以外我却不得不为了赡养我的家属而增加开支；据我看来，我那些土地的第三部分在我有生之年肯定不会始终归我支配，我也不可能增加那部分土地的租金；但它将成为凭租约或产权副本在我生前授予一些人的财产，这种状况正在进行，看来在我有生之年的大部分时间还会同样进行下去，并且或许在我儿子的手里也会如此；所以我们不能像你们那样提高一切商品的价格，我想这就是我们那样做的理由。由于我们不能抬高价格，我们中间的许多人就已经在最近离开了乡间(像你们所知道的那样)，被迫放弃我们的家庭，在伦敦租一间房子，或者由一个侍从和一个男仆跟随，未经邀请就贸然晋谒朝廷，而从前他却常常在自己的宅邸招待6—7位道德高尚的人士以及20或30个其他宾客，每星期天天如此。我们中间仍然住在乡下的人如今一年花200镑还维持不了那样的宅邸，但在十六年以前我们用200马克就可以办到了。所以我们不得不减少自己家庭的第三部分产业，或者提高我们的第三部分的收益。由于我们不能用这种办法来处理那些已经落入别人手中的土地，我们中间的许多人便被迫把那由他们占有的部分土地保留下来，或者购买别人的某个农庄，在里面放养羊群或其他种类的牲畜，以弥补他们收入的衰退，并维护旧有的田产。然而这一切毕竟收效不大。

庄稼人。可不是，那些羊群是这一切祸害的根源，因为它们的增殖超过各种粮食，从而把农业排挤出了农村，如今全是羊啊，羊啊。要是不但有足够的羊，而且有公牛、母牛、猪、小猪、鹅和阉鸡、蛋、黄油和干酪，另外还繁殖足够的小麦和大麦，统统都在同一片土地上培养或栽种，那就好多了。

博士。这时，始终身子倾向前面，用胳膊肘支撑着下颌的博士正襟危坐，然后说，我根据你们的话看出，我们中间谁都有理由发它一通牢骚。

制帽商。我敢担保，你们除非担任教会的神职，就无法像他们那样不必为生活奔忙而仍然无匮乏之虞，并且还不必为政府的命令发愁。

博士。你的话确实不假，我们没有多少事情要抱怨的；然而你知道得很清楚，我们的生活如今不像从前那样充裕了。我们的生活最初陆续降低了十之一二，打了折扣以后还不算拮据，如果我们同时还可以保持心境和良心的宁静的话。虽然我们不像你们所说的那样从事辛苦的体力劳动，然而你们知道，我们是利用脑力从事劳动的，要比同一个人从事任何力所能及的体力劳动时容易变得身弱体虚；你们看面容就可知道，我们的脸色是多么苍白，我的身体是多么羸弱和病态毕露，而这一切都是由于缺乏体力锻炼。

制帽商。啊哟，如果我是王室的一位法律顾问，我定然要给你提供一种良药，使你不致由于缺乏身体锻炼而疾病缠身。我要让你拉犁推车，因为你的研究工作对你毫无用处，只是促使人们争斗不休而已。一些人存有这种意见，另一些人存有那种意见，一些人主张采用这种方法，一些人主张采用那种方法，而另一些人又主张采用第三种方法，彼此态度倔犟，仿佛认为自己的言论是金科玉律，在争论中稳操胜券。这种争论未尝不是使人民发生这些骚动的原因；还有，一些人拥护一种学问，另一些人拥护另一种学问。我认为，如果根本没有什么学者，那也毫无关系。

爵士。朋友，但愿不是这样；再说我们怎么会有王室的顾问给我们出主意呢？我们要基督教怎样来教导我们呢？我们除非通过学习和依靠学问，怎么知道其他王国的状况呢？

博士。不用操那份心，（好人制帽商，）在一段时间内，即使这个世界能够继续存在，也不会有多少学者的。

制帽商。我有那样的想法，虽然我要有人能写能读，是的，还要学会我们周围各国所用的语言，以便我们用文字向他们表达自己的思想，他们也用文字向我们表达他们的思想，并且希望用我们本国的语言阅读《圣经》；至于你们宣讲的道理，除非你们的意见更趋于一致，我们听不听无关紧要；因为众说纷纭，莫衷一是。

博士。这样说你除了语言的知识，以求能写能读而外，就不关心其他任何知识了。由此可以明显地看出，你并非单单一个人抱有那种想法；因为现今人们送他们的儿子上大学时，只让这些学生掌握一点拉丁语，不许他们用较长的时间待在大学里；接着父母把他们带走，安排他们到律师、审计官或涉讼财产管理人那里当文书，或者到某一位绅士那里当秘书，借以谋求生计；这样一来，大学就变得空荡荡的了。我认为，总有那么一天，我们的王国在短时期内将成为见不到聪颖和精明之士的国家，因而陷于粗俗鄙野，最后屈服于我们以前高居其上的其他国家并受其奴役。

爵士。但愿这样的事情不致发生；我们忝在缙绅之列，一定要运用我们的作战策略，预先做好准备，不使我们落到向其他任何国家忍辱屈膝的地步；英国人的这种勇敢精神将决不允许那样的事情发生，纵然我国根本没有博学之士。

博士。可是，人们能够夺取或控制一个帝国或王国，不是依靠勇气或武力，而是依靠主要从学识中得来的智慧和策略。因为我们看出，在各种统治方式中大部分比较聪明而有学问的人总能控制粗鲁和愚昧之徒；正如每一个家族中最有经验的人一样，每一个城市中最贤明的人以及每一个平民政治国家中学识最为渊博的人通常总被置于治理其他人的地位。是的，在全世界的各国中间，凡是精明和诚恳的人确实能够统治其余，虽然他们的武力也许不如别人。希腊人和罗马人的帝国表明了这一点；在希腊人和罗马人中间，像饱学贤明之士备受尊敬一样，他们的帝国依靠智慧的力量在国外比其他一切国家伸展得更广，持续的时间更长。不知为什么你竟觉得我们如今被人征服比早先别人遭受征服来得奇怪，而这个王国的新来居民却自认为同你们一样的勇敢精悍；那种情况的先例是继撒克逊人而来的诺曼底人，在这以前是由撒克逊人统治布立吞人，而布立吞人首先是受诺曼底人统治的。

爵士。也许聪明的人很多，虽然他们并不博学多才。我知道有些人很聪明，也颇有策略，但对书本上的学问毫无所知；另一方面，许多饱学之士在采取处世方针的态度上却表现得极其愚蠢。

博士。这一点我并不否认。我说，如果你所谈到的那种人头脑敏捷而很有学问，他们就更加出人头地了；至于你所说的那些头脑简单的人，如果他们毫无学识，那他们就格外愚蠢了。在战争中所受的锻炼，不会使每一个人不折不扣地成为一员名将，虽然他在军队中的经历并不太长；也并非其他任何人都适宜于军旅生涯的，但熟能生巧，经验可以使他相对地精通作战的本领。除了经验丰富这一点而外，还有什么因素能使老年人通常比年纪轻一些的人来得精明呢？

爵士。不错，经验对人的智慧很有帮助，这个我承认；但除此以外，学识起什么作用呢？

博士。如果你承认经验有很大用处，那么，我不知道你是否也同意我的意见，认为学问对于增加才智也有很大助益。如果同意，我们就不妨把它确定为一项可靠的理由，来肯定经验会促进才智，承认它是才智的泉源而记忆是其基础。犹如经验像父亲那样产生才智，记忆也像母亲那样养育才智；如果经验不在记忆中保存下来，它就缺乏效果。再说，如果我能向你表明，学识帮助了经验和记忆，那么，你就一定会同意我的看法，认为学识可以起到促进智能和增加智能的作用；你承认一个老年人使他比年轻人来得聪明，因为他见多识广，非年轻人可比。然而，老年人所看到的只是他自己那个时代的事物；博学之士不仅了解他那时代的经验，而且了解他的许多先辈所积累的经验；是的，自从开天辟地以来就是如此。所以，他拥有的经验绝非任何伟大时代的没有文化的人所能企及。而且，任何人都无法像形诸笔墨那样，牢记他亲眼目睹的整个时代发生的许许多多事件。如果一个没有文化的人一旦忘记了他所看到的东西，他就决不会再次轻易地猛然想起；反之，一个有学识的人却可利用书本来使他回想起他在另一种场合下忘得一干二净的事情。所以，正如他如果活上一百年就定然比他只活五十年具有更多的经验一样，一个看到人世间风云变幻和时运盛衰的人（好比是看到面前画板上一幅用彩色绘成的千年景物图）就一定比他仅活一百年具有更丰富的经验。同样，一个远游许多国家的人就比那些与他年龄相仿但从未离开本国的人具有更多的经验。因此，如果一个人博学多才，通过宇宙志了解各国历史和其他学问，熟悉世界上每个国家真正的风俗习惯，而且可能比另一个同样游历那些国家但只是稍作停留的人懂得更多，那么，他就一定比另一个学识浅陋的旅行者具有更多的经验，从而也就具有更多的才智，而经验和才智在能力和记忆力方面是同等重要的。我现在不得不慎重考虑我们由于学习而付出的不可忽视的代价，那就是，学习怎样给人们提供了有些作家一向抱怨的人类最大的缺陷，即寿命的短暂

以及身体的臃肿和笨拙；另一方面，最初有各种走兽，如公鹿和其他许多，最后还有多种鸟类，似乎都胜过人类。固然一个人不可能借助于学习而活到百岁以上或大致那样的岁数，他却依靠书本了解到整个那段漫长的岁月所发生的事件和事变，因而他就能够得到活上一千年甚至一两万年的好处。而且，纵然他在整个那段时间都活了下来，他的收获也不过是对于层出不穷的事物的那种感受罢了，其余的事情只是利用车马或舟楫往来于各地而已；他现在通过文字获得的感受根本不必依靠任何方式的旅行，也不会遭遇到他如果在整个那段时间活着的话可能陷入的种种危险境地。至于另一点，我们不如空中的禽鸟那么敏捷和轻快，可以迅即从一个地方转移到另一个地方，但是，我们可以到各地旅行，就像鸟类从一国飞到另一国似的，而且不必那么辛苦，也不致遇到多大危险，所以我们享有通过那样的旅行以获取知识的便利。难道我们不可以利用宇宙志来了解世界上每一个国家的处境、形势和特征吗？此外，那样做不是比我们自己忙忙碌碌地游历那些国家来得安全，而且少花力气吗？由于其他许多人千辛万苦，历尽艰险，获得渊博的知识，我们才能轻松愉快地学习他们留下的著作。难道我们不能依靠天文学，了解到上空行星的轨道、它们的运行状况和面貌，就像我们置身于那些行星中间那样了解得一清二楚吗？我们单凭自己的视觉，决不能够得到这种知识，即使我们像任何鸟类那样敏捷。除了在学识方面比任何人单凭毕生的经验所能学到的东西更为完善而外，还有别的什么事情对世间人生的行为来说是必不可少或得益匪浅的呢？没有，爵士先生，甚至你在战场上的功绩也算不了什么；不，经营管理的能手，不是你的功绩，而是经验和书本知识都在学问的范围内得到正确的教导和阐明，因此，纵然你上述的功绩非常圆满，你也至多只会凭经验了解一些事情，不会学到更多的东西；像你，爵士先生，在维吉底乌斯①的著作中，以及你，善良的庄稼人，在科卢梅拉②的著作中所读到的那样。

爵士。我再说一下，虽然我们没有上过学校，难道我们就不可能拥有那些著作的英译本，把它们统统读一遍吗？

博士。的确，再好没有；然而，除非你借助于其他知识，你决不会完全懂得它的内容；那就是说，要学好学校安排和叮嘱年轻人学习的算术，还要学习几何学，用来设计工具以夺取城镇和要塞，以及设计畅通无阻的桥梁；在这方面，恺撒由于掌握了有关那些事情的知识而胜过别人，并建立了不可一世的功绩，这些都是任何不学无术的人万万做不到的。你如果在海上作战，要是你不了解根据极地推算出来的纬度以确定你所在的地点，根据星星测定距离的长短，怎么知道海水会把你漂送到哪个海岸？现在我对你来说几句，庄稼人，为了娴熟地掌握农艺知识，你需要懂得天文；例如在那些行星的什么形态下，根据太阳和月亮的什么迹象，你可以确定在什么时候翻地、播种和收获，什么时候种植、嫁接和锯断你的树木、你的木材；另外，要能够判断可能会出现什么样的天气，准备刈割你的庄稼和牧羊并把它们收藏起来，还要把牲口安置在室内；此外，要学一点叫做兽医学的医术，借此了解你那些家畜生了什么

① 维吉底乌斯，在380年前后负有盛名，著有关于军事原理的论文共5卷。——译者

② 科卢梅拉，生于西班牙西南部的加的斯海港，在公元一世纪著有关于农业的论文12卷。——译者

病，如何治疗。其次，为了准确地丈量土地，难道你不需要掌握一些有关几何图形的知识，才能成为十全十美的庄稼人吗？再说建筑方面，纵然一个木匠或泥瓦匠非常灵巧或熟练，难道他不是阅读了维特鲁维乌斯[①]和其他作者关于建筑学的著作之后才懂得更多的吗？还要涉猎逻辑学和修辞学，通过前者可以了解到辨别真理和谬误的讨论，通过后者可以懂得用什么方式向人民提出建议，例如一项对他们有利的应急办法，而一个精通业务的老练律师也许并不缺乏关于上述两种学科的知识。请告诉我，要是任何一位统治者或顾问都没有读过哲学，特别是教导举止行动的那部分，那么，会有什么样的正确态度，会有什么样的秩序井然的正直国家呢？我现在研读的另一部分哲学是传授有关自然界的知识的，叫做自然科学。道德哲学所忽视的是国家的哪一部分呢？难道它没有首先教导每一个人应当诚实而有利地控制他自己吗？其次，它还教导他应当怎样英明地管理他的家庭；第三，它指明一个城市、王国或其他任何性质的国家无论在承平时期或战时都应井然有序和治理有方。哪样的国家可以不必保有一位精通这种学问的统治者或顾问呢？这涉及到我们现在所讨论的问题；如果执政者咨询和听从许多精通这门科学的人的意见，国家就会有条不紊，很少有人能理直气壮地表示不满。所以那位天才的哲学家柏拉图说，要算国王是一位哲学家或一位哲学家是国王的国度最幸福了。

爵士。我在那以前曾经说明，除了神学博士、法学博士或医学

① 维特鲁维乌斯·波利奥在公元前十年以前写了一部《关于建筑术》的论文，共10卷。——译者

博士这些人所掌握的知识而外，世界上没有任何其他的学问。其中神学博士善于讲道，法学博士熟悉神圣的法律，医学博士精通医学并为病人挑选药水；啊，你现在告诉我还有每一个国家所必须掌握的其他许多学科，这是我以前从未听到过的；但是这些博士不是很少有几个能够熟练地掌握那几门学科，便是没有怎样透露他们的知识和技能。

博士。不消说，他们确实没有几个人能够熟练地掌握现今的这些学科；就是有本领，也很少有人由于具有那方面的专业知识而比别人更受尊敬，或被请求提供任何意见。所以，当别人看到这些学科不受重视或被撇在一边时，他们就开始学习自己认为有些价值的其他学科，如学习神学、法学或医学那样，但他们不了解神学、法学或医学，就无法精通其他学科。因此大学规定，人们在攻读神学以前首先必须成为学士和硕士。赖以获得这些学位的学科是七种大学文科，即文法学、逻辑学、修辞学、算术、几何学、音乐和天文学。他们过了关，逐渐致力于神学，然后才通过上述学科得到或换取任何判断力，以辨别我们现在所谈到的各种不同的见解。每一种学科的所有初学者都很性急，对种种事物过分仓促地作出判断（因为每一个人都受经验的影响）；之后，当他们已经发表和宣布了他们的判断和见解时，他们就会觉得其他任何人的意见听起来没有什么不同，但他们将按照自己的想象来作出解释，或者认为它并没有什么独到之处。毕达哥拉斯[①]命令那些前来听他讲授世俗科学的门徒要沉默五年，指出在整个那段时间他们只应洗耳恭听，不

① 毕达哥拉斯（约公元前580—前500年），古希腊数学家和哲学家。——译者

必多加推理；在这教学过程中，凡是在过去半年没有研读权威性著作的学生不仅被准许进行思考和提出问题（因为按规定是可以这样做的），而且可以对他们以前从未听到过的理论作出新奇的解释。在容许如此学习的时候，各种见解会得出什么结果呢？另外，柏拉图禁止任何不懂几何的人到他的学校里来求学。凡是不懂文法，更不懂其他任何学科的人，开头都可被容纳进这所尽善尽美的学校，我认为其目的不在于学习（因为那是可以被允许的），而在于作出判断和评论；于是就发生这样的情况，即同一个柏拉图表明他将成为足以瓦解一个国家的唯一推动力量，如果这种力量有必要加以利用的话；那就是当他们大胆评论种种与他们无关的事情的时候；如年轻人评论属于老年人的事情，儿童评论他们的父亲，仆人评论他们的主人，平民评论他们的地方长官。如果谁都想承担驾驶员的重任，那么，什么样的船能够长期安全航行而不致舟毁人亡呢？如果每个仆人都俨然以主人或师尊自居，什么样的家庭能够治理得非常妥善呢？〔我谈了那么多赞美学习的话，不仅是因为我在这里有我的朋友、即不大赞成学习的制帽商〕而且如今我也了解到关于这方面的许多意见；那种意见就是不在乎其他任何知识，只求他们能写能读，会说会道就行；对于这样一些人，我不妨把他们比作重视树皮而不珍惜树干，爱惜果壳而鄙弃果仁之辈。因此他们似乎要使大地照不到灿烂的阳光，让我们变得愚昧无知似的；地球上万物的生长增殖有赖于太阳，但知识对于增进人们中间的文明、智慧和谋略来说也是必不可少的。正如一个通情达理的人由于富有理性而胜过其他一切生物那样，一个学识渊博的人依靠上述那些学科对理性的磨炼和指引，也比其他任何人优越得多。

爵士。你刚才对我邻居制帽商说，如果世界继续存在，我们在一段时期以内也不会有很多博学之士。你这番话真意何在，其原因究竟是什么？

博士。我已经向你指出其中的一个重大原因；那就是我曾向你说明，大多数人抱有这样的见解，认为能读能写就蛮不错了，不必再钻研其他的学识。另一个原因是他们认为没有给学者任命什么显赫的职位，也不像从前那样使学者享受任何荣耀或尊敬，而是适得其反；学识愈多，他们遭受的麻烦、损失和苦恼愈多。

爵士。怎么会这样呢？但愿这不是事实。

博士。啊哟，你没有看到有多少博学之士近来在这十二或十六年间已经遭到困厄，而这完全是因为他们对于有争论的问题发表了他们自己的见解吗？你没有看到当一种意见发表时，凡是吐露一些相反言论的人就陷于困境；在那不久之后，当相反意见得到推动和阐释时，难道不是以前踌躇满志的另一方由于发表了反对那种意见的言论而受累匪浅吗？这样，双方都免不了发生麻烦；不管他属于哪一方；他或先或后总会困处一隅；除非他们颇为精明，能够随着人数较多、力量较强的一方改变观点的步调而变更他们自己的主张。遇到这些麻烦的是何等样的人呢？是双方最会持异议的人，因为除了这样一些人以外，没有其他什么人来争论这些问题；他们谋求荣誉和显赫的地位，但以其学识得来的报偿却是耻辱和障碍。一个家长将宁可让他的孩子去攻读那种可以使其获得较好成果的学科，否则什么样的学生明知会落得这种下场还有勇气去潜心攻读呢？学生人数的稀少和大学的孤寂环境的确表明上述的状况比任何人形诸言词的描述要真实得多。

商人。我看出，谁都觉得自己在这个时候非常伤心，并且就我所知，谁也闹不清楚是怎么回事；专门靠土地生活的乡绅不能像以前他父亲那样生活了。技工不能雇用很多徒弟干活，因为各种各样的食物都十分昂贵。庄稼人由于负了债，比以前付出更多的利息。其次还有我们这些商人，要付更高的代价去买进从外国运来的各种商品，甚至所提高的价格足足占原价的三分之一；由于海外的商人不愿像以往那样乐于用他们的货物来换取我们的货币，我们不得不购买英国货以代替舶来品，这又使我们多出三分之一的货款，甚至几乎比以前高出一半；我们现在付 8 先令买 1 码布，而在过去十年间我们花 4 先令 8 便士就可买到了；当我们以高价买进外国货物时，我们不再像以往那样有很好的销路，因为很多买主已经缺乏购买力了；虽然卖出这样的货物时很难脱手，我们却还不能不考虑原来买进的价格。

博士。我相信，如果有些人耗尽他们的资财，你们还是可以不受影响的，因为不管市场上可能出现什么样的有利或不利的情况，你们做买卖的可以立即看出苗头；当你们觉察到价格要上涨时，你们就会马上巧作安排，抛出一部分货币；不久以后，你们看出在海外可以有怎样的获利机会，便在本国大部分地区搜罗全部旧币，设法把它运往国外；所以如今这样的旧币在本国已所剩无几了；这一点，据我看来，是现今百物昂贵的一大原因。

爵士。怎么会出现那样的情况呢？真的，是否可以用任何种类的金属铸成货币，甚至用皮革制成，在我们自己人的中间流通，从一个人的手里转到另一个人的手里呢？

博士。你知道，人们通常都是这么说的；但实际的情况恰恰相反，我不仅能够用普通的道理加以证明，而且证据和亲身的体验也已表明如此。不过，现在我们不来讨论这些灾难的原因，而是要研讨一下这种物价的昂贵事实上使人们产生什么样的悲伤心情；虽然我发现每一个人对某一件东西价格上涨的情况感到愁眉不展，但我认为，由于他们许多人有货物可以出售，他们确实在提高他们所卖出的各种东西的价格，正如以前他们为了必须购买的物品曾经付出较高的代价一样；作为商人，他如果以高价买进，仍可以高价卖出。所以那些工匠，如制帽商、裁缝、鞋匠和钉马蹄铁的铁匠，在出售他们的货物时都十分注意他们所买进的各种食品的批发价格和零售价格。我曾看见一顶帽子卖 14 便士，现在我却要花 2 先令 6 便士才能买到；关于布匹，你也已经听到其价格的上涨情况。再说 1 双鞋子的卖主现在要我付 12 便士，而我以前花 6 便士买的 1 双鞋的质量还要好一些。目前我不花 10 便士或 12 便士就钉不上 1 匹马的马蹄铁，而我知道，直到最近，给 1 匹马钉 4 块新的马蹄铁，通常只要花 6 便士。因此，我不能理解为什么这些人由于物价的这种普遍上涨而忧心忡忡，虽然我确实知道他们的生活水平和收入并未受到影响。普通工人每天的工资为 6 便士；各行各业的短工和仆役每年工资为 60 先令；乡绅或他们的祖先终身或以一定期限出租他们的土地，所以他们即使眼看着自己所买的各种物品都已涨价，想提高他们的地租，也不能这样办。至于我们这一段时间始终没有谈到的国王，虽然他每年确实可以得到大部分的税收，却因物价上涨和货币改变而损失最重。因为像一位家臣那样，他手下有许多仆人，如果他想答应每星期给他们若干便士而不像以前那样只给 1 个便士，我想他自己多半会蒙受最大的损失。所

以我们作为国王陛下的臣民，几乎是为他收税的征收员；我们差不多每个人都过着贫穷的生活；净得的收益大部分归国王陛下。如果国王向我们超额收取我们以这种新币的形式获得的收益，而他以往总是收受另一种具有充分价值的货币，那么我就要向你提出这样的问题，即那种情况与他的必需品和王国的大小相比，是否会同另一种情况起到一样的作用。我认为显然不会；因为虽然国王在他自己的国土内可以拥有种种按照他自己定的价格购进的物品，他事实上不能不遭到他的地方行政官和臣民的极大怨恨；此外，由于国王陛下必须利用除夺取以外的一切手段占有许多必需品，不仅供应王室和作为装饰，而且供他本人和直系亲属之用，例如对于他的许多马匹，国王购买时可能花费不多。可是还要为他的战争购买设备，这是绝对省不了的，例如盔甲，以及各种大炮、铁锚、钢丝绳、沥青、柏油、钢铁、手枪、黑色火药和不胜枚举的其他许多东西，这些东西他必须从海外买来，其价格由外国人规定。我这里略而不谈王族的各项支出的增多，因为那样的费用是英王和所有的贵族都要支付的。所以我说，由于物价的普遍上涨，英王陛下比其他所有的人损失更多；至于我们的王国和国王的臣民，那就不仅会遭受损失，而且还会遇到危险，如果国王为了战争需要金银财宝去购买上述设备或者在必要时去搜罗士卒的话，而这种损失势必超过我们所谈到的其他一切的个人损失。

制帽商。我们听说英王陛下利用另一方面靠造币厂得到的收益来弥补他这方面所受的损失。如果还有短绌，他就靠臣民给他的补助费和税款来补足缺额，所以，只要他的臣民手里有钱，他就不愁匮乏。

博士。你那些话讲得很对。只要臣民有钱,国王就会在那个限度内向臣民摊派,但要是他们没有钱,那怎么办呢?当国内的财富罗掘俱穷时,他们就家徒四壁了。至于造币厂,我认为所得到的利益颇有相似之处,仿佛一个人要把他的树木连根拔起,以便一次就获得更多的利益,而此后却会永远丧失从中每年可以得到的好处,或是等于是一下子全部拔掉他的羊身上的绒毛。至于说到给国王的补助金,当臣民没有什么东西可以割爱时,那种补助金怎么会数额很大呢?然而,那种敛财的方法对王子王孙来说并不是安全可靠的;因为我们知道,他们多次把这种补助金的收益用来抚慰那些部分地根据同一事由而群情激愤地企图实行叛乱的人民大众。

爵士。博士先生,既然我们有机会遇到一位像你这样的博学之士,我希望我们能够就这个问题彻底讨论一番;至今我们已经探索了物价高涨和人人感到悲哀的现象,因此我们也要查明其中的原因;原因一经查明,补救的办法也许就会立刻显露出来。虽然我们不是能够革除弊端的改革家,但我们有些人也许是当之无愧的,因为我们可以宣扬有关这个问题的另一项主张,并可促进和帮助提供对这些事情的补救方案。

博士。以上帝的名义,我甘愿花费这一天来满足你的愿望;虽然这种交换意见的方式也许并不带来很多好处,但我相信它不会造成多大的损害,也不会冒犯任何人,因为这是我们中间的交谈,并且彼此心平气和。

爵士。那是不会的;如果一个人在一所房子里,发现房子的桁条或椽子有某种毛病,并且为了房屋的户主或其中一些住户的安全起见，自动向他们提出房屋的隐患，那么，什么样的人会对他勃然大怒呢？灾难存在于下述问题：我国各物昂贵，但并不匮乏；由于圈地，农村一片荒凉；市镇因缺乏住户和工匠，满目萧条；对宗教问题有意见分歧，把人们吸引到东，吸引到西，使他们争论不休。现在我们不妨移到花园里的葡萄藤底下，那里有绿荫如盖，是个凉爽的休憩之所，我们可以在那里从容地进一步讨论这个问题；我要向这里的主人预订晚餐，以便大家在一起举杯言欢。的确，我是说我们这一伙的每一个人，因为我们在这里坐得那么久，都很倦乏了。那就让我们都到花园里去吧。

第二次对话

爵士。当我在前述的花园里来回漫步了很长一段时间以后，我默想了好一会儿，才再听到博士发表的意见；据我看来他是个非常博学而聪颖的人，不同于那些只能谈论其自称拥有的本领的普通学者；仿佛他们只是神学院的神学家、司法界的律师或医学界的大夫。这个人谈起各种事情来十分自然，毫不矫揉造作；他看来见多识广，曾把可靠的知识同出色的机智结合起来。所以我希望他和我们这一伙的其余的人再来接着谈我们曾经讨论的问题。首先，为了探索和谈论前述各种物价普遍上涨这种现象的原因，我对博士这样说：博士先生，我感到非常惊异，不知道各物昂贵的起因是什么；虽然感谢上帝，我看到各种东西都很富足。以前牲口从来没有像现在这样充裕，然而事实上却成为使价格上升的稀少之物。这是一种不可思议的匮乏，与惯常的情况相反，竟随富足而来。

博士。先生，这件事情毫无疑问是应当深思，值得探究的；让我听听你们每一个人的意见，然后再把我的意见告诉你们。

庄稼人。我认为这种价格的上涨对你们绅士来说是由来已久了，因为你们大幅度地提高了地价，以致依赖土地生活的人必须也以高价售出他们自己的土地，否则他们就付不出租金。

爵士。我说，你们庄稼人早有体会，我们是被迫提高我们的地租的，因为我们必须以高价从你们那儿买进一切东西，如小麦、牛、鹅、猪、阉鸡、小鸡、黄油和蛋类。你们现今的售价不到八年就涨了一半，这究竟是怎么回事呢？你们在这个城市里的邻居定然记得，在那八年中间他们能够买到 1 头最好的猪或 1 只最好的鹅，那时我自己所花的代价是 4 便士，而如今就要花 8 便士了；那时 1 只很不错的阉鸡卖 3 便士或 4 便士，1 只小鸡卖 1 便士，1 只母鸡卖两便士，现在我却要花加倍的价钱才能买到；大的商品也是如此，例如羊肉和牛肉。

庄稼人。这一点我承认；但我要说，你和你的一伙人即地主是物价上涨的最重要的原因，因为你们提高土地的价格。

爵士。嗯，如果你和你所有的同伙都抱有一致的看法，那就好办了；要是你提供保证，你和你那一伙人愿意按二十年之前的价格出售一切东西，那么我无疑会召集所有的绅士在一起商定，按照二十年之前的地租数额来让你们承租土地。由此可见，毛病与其说是出在我们绅士身上，还不如说是出在你们庄稼人身上。全国的所有土地，可以说还有一半没有涨价；由于租借期或租约尚未终止，地主是不能提高他们从土地方面得来的收益数额的，虽然他们很想这样做。还有一些贵族和绅士，当他们要出售自己的土地时，也不愿在原有的租金以外增加新的数额；因此我国的大部分土地还在原有租金的水平上。然而，你们那些同伙的情形却根本不是这样，他们出售的全部产品的价格比以往高出一半以上，而这些提高地租的绅士并没有把它提高 1 倍；我承认，我们有些人的土地是由国王赏赐给我们的，有许多土地至今归大教堂和小修道院所有而以前从来没有丈量过的，还有些土地是由祖上传给我们的，以上这些土地的地租很多已经高出原有的租金水平，但这类土地的总数不到全国土地的一半。

博士。你现在怎么说呢？他刚才对你讲得很好；你是否愿意像过去习惯那样出售货物，他也愿意让你按照以往惯常支付的租金数额租用他的土地呢？当那位庄稼人沉吟了一会儿以后，他说。

庄稼人。如果我必须掏钱购买的一切东西的价格也降低了，我是会感到满意的，否则就不会。

博士。那些东西是什么呢？

庄稼人。啊，制造犁、耙和手推车的铁；为我的绵羊准备的焦油；为我家庭准备的鞋子、帽子、亚麻织物和毛织品；如果我要用现在这样的高价去购买这些东西，然而又要用相当低廉的价格出售我的货物（即使我付的地租此后有所减轻），那么，除非上述的其他物品也一并降价，否则我就很难生活下去了。

博士。我发现，你除了想减低你付出的地租外，还一定要使其他物品的价格受到限制，否则你就不能以相当低廉的价格提供你的物品。

庄稼人。是的，但我认为如果土地以低价出售，其他一切东西的价格也会相应下降。

博士。你说，纵然我国所有的地主都一致同意按二十年之前的数额向其佃户手中的土地收取地租，你还不能像二十年之前那样廉价出售你的物品，因为你必须购买的其他东西的价格都上涨了。如果你要说，应当首先逼迫那些出售你所购买的物品的人降低价格，然后你才愿意削价销售你的物品，那么，我请问你怎样才可以迫使他们这样做呢？那些出卖铁、焦油、亚麻等这类商品的人也许是外国人，不是非服从我们君主的命令不可。请你考虑一下，不管我们让外国人高价出售商品的举动是否为权宜之计，如果你不能强迫他们改弦易辙，而我们自己却削价售货；如果是这样，那么，这是不是使其他国家大发其财，使我们自己陷于贫困的境地呢？他们会给自己积累很多财富，用很少一点钱从我们这里买进我们的商品；除非你能设法在我们自己人中间给商品统一规定价格，对外则规定另一种价格，否则我就不知道情况会发展到怎样的地步了。

爵士。不，如果我的邻居不愿这样做，我就要向他们提出另一个建议；让我的佃户向我缴纳他们在二十年前惯常交来的地租金额，正如最初在出租土地的协议中载明的那样；我还心甘情愿按照用目前流通的货币计算的价格购买他的一切物品；我相信我可以使其他所有的绅士赞成这同样的协议。

庄稼人。我怎样才能做到这一点呢？我必须靠我的租金生产出我不凭其他收入来生产的东西，并且只生产我能够生产的东西；因此，你要作为我的租金来收取的，是我出售货物得来的钱财。

爵士。是的，但如果让我按照你增加报酬的比例增加我的地租，我就满意了。

庄稼人。你这话是什么意思？

爵士。我的意思是说：你早先惯常以20格罗特的代价出售的货物现在你卖30格罗特；让我按此比例增加我的租金；那就是说，因为你的货物涨了价，原来每20格罗特的旧地租现在要付10先令；然而我的土地还保持在原有的规模。

庄稼人。我的交易不过是为了我的收入每年支付6镑13先令4便士的地租，并且我照付不误；你不能有更多的要求。

爵士。我无法说很多话来反对这一点；但我看出，做这样的交易我还是得不偿失，虽然我说不出原因何在；不过我觉察到，你的谋生之道在于高价出售，而我却以相当低微的收入维持我的生活；博士先生，请你助我一臂之力，因为这位庄稼人把我逼得走投无路了。

博士。噢，可是我想，关于第一个问题你确实把道理说得很清楚，你把他逼入困境；那就是，迫使他承认物价的昂贵不是由你造成的。虽然他援引一条法律就他向你支付的款项为自己辩护，但他似乎坦率承认，法律迫使你只能靠土地获得不多的收益，而并没有什么法律限制他的行动，因此他在销售货物时可以尽量提高标价。为你自己打算，你只要试着证明这种粮食价格的上涨并非首先由你造成就行了；但是，既然各种物价像现在这样上涨，你就有理由提高你的物品即土地的价格，否则在你被迫按照新的行情采购粮食的情况下，你就要像从前出租土地时一样，按旧日规定的数额收取租金。这个问题我们今后还要讨论，或者将来由别人来探讨。可是让我们来看看，如果这位庄稼人被迫按低廉的价格出售他的东西，到那时是否一切问题都能顺利解决。我们不妨这样来说明问题：庄稼人应当根据命令，规定每蒲式耳小麦售价8便士，裸麦售价6便士，大麦售价4便士，他的猪和鹅售价4便士，他的阉鸡售价4便士，他的母鸡售价1便士，他的小鸡按旧价计算，他的羊毛每托德(28磅)售价1马克，牛肉和羊肉按过去的价格计算；于是他就像以前那样有足够的款项向地主缴纳地租了；他的地主又可收取与从前惯常收取的地租同样多的款项了；在一种价格规定以后，同样的情况势必会影响上述的许多物品，它们的价格也

会由此规定下来，就像从前用旧币按当时行情支付代价一样。这一切将进行得十分顺利；佃户和地主都心情舒畅。嗯，现在让我们继续谈下去。庄稼人非买铁、盐、焦油和沥青不可；假如他自己也被迫栽种亚麻，棉麻织物和皮革的售价就会按那种价格规定下来。乡绅必须购买酒类、香料、甲胄、使他房屋透光明亮的玻璃，以及制作工具、武器和其他必需器械的铁、盐、油等其他不胜枚举的东西；如果没有其中的若干物品，如铁和盐，他们也许就无法生活，因为这两样东西虽在国内生产，却只够供应一半，至于石油、焦油、柏油和松香，我们本国根本不生产这些东西；如果缺乏上述商品中的另一些商品，如酒类、香料和丝绸，我们就会过一种粗陋和野蛮的生活，因为这些商品都是要从国外输入的。我们有没有可能按低廉的价格购买它们呢？有人认为是可能的；因为当外国人看到，由于他们按照比往常较低的价格出售这些物品，他们可以用少于往常支出的金钱在我国买进同样多的商品时，他们就会愿意像从前欣然接受较多的金钱那样接受较少的金钱；于是他们就廉价出售自己的商品；例如，既然他们如今可以按 20 先令或 22 先令的代价出售 1 码天鹅绒，并用这笔钱买进 1 托德羊毛，那么，他们在售出 1 码天鹅绒时收取 1 马克以后，不是照样可以用 1 马克买进 1 托德羊毛吗？

爵士。我想是如此；因为他这样做不会比现在吃亏。同样的道理也可用来说明铁、盐、香料、石油、柏油、焦油、亚麻、蜡和其他一切舶来品。

博士。如果我问你这样一个问题，即他们是否应当由我们法律规定，不得不如此出卖他们的货物，那么你会怎样回答呢？

爵士。是不是这样，没有什么关系；我想他们是不会这样办的，因为他们在我们国王的疆土之外，他们带来什么货物，完全可以自行决定；然而，由于看到他们以较低的代价出售商品以后就可按照比以往的高价低廉得多的价格购进我们的一切东西，他们就会愿意运来各种商品，并同样会廉价出售。

博士。对此我感到怀疑，但疑团不大；我认为他们将像目前这样以最高的价格出售，或者根本就不给我们运来商品。你必须了解到，他们并不总是为了采购货物才到我们这里来的，而是有时候会在这里推销他们的货物，如果他们知道这里的销路最好的话；一旦他们发现本来打算在我国采购的商品在别国买进较为便宜，他们就会在别国成交；有时候他们会在我国的一个地区出售他们的紧俏商品，到另一地区去买进货源最为充足、价钱最为便宜的商品；或者一部分购自我国，一部分购自另一国家；为了这个目的，到处流通的货币使用起来最为方便，尤其当他们进入任何一处与他们推销货物无关的地点需要花钱时是如此。我国的货币在其他地方不像在我们这里可以自由流通；因此，如果外国人在出售商品时接受我们的货币，他们就会蒙受巨大的损失；在那种情况下，他们就宁可把货物运往其他地方，换取到处通用的货币，以后他们要在什么时间和什么地点使用，完全可以随便选择。如果他们只愿意用他们的货物来换取我们的货物，那么你可以设想，他们多半不会企图把他们认为最便宜而我们认为最昂贵的商品或物资运来。

爵士。不错，肯定如此，那是所有的商人都采用的策略。

博士。你想那是些什么物资呢？

爵士。嗯，各种玻璃制品、花布和花纸、柑橘、高级苹果、樱桃、带香味的手套之类的琐碎东西。

博士。你说得有理;他们可能企图用这类商品同我们进行交易;这类商品在他们那里相当便宜,只花费他们的劳力罢了;要不然他们那里的人就会闲着没事干了;然而,这些东西按他们的价格计算,在其他地方也像在这里一样,是很少有点紧俏的;可是,当我们感到缺乏钢铁、盐、大麻、亚麻等等时,你谈到的那一类商品就会滞销,不受欢迎,而人们就会抢购上述的那些物品了。

爵士。你想他们还会运来别的什么东西呢?你的意思也许是说丝绸、酒类和香料吧?

博士。不,不是那些东西,因为它们在其他地方也能卖上好价钱。

爵士。输送给我们的商品既要在他们那里便宜,又要在我们这里昂贵,那究竟是些什么东西呢?

博士。我不告诉你,除非只有你一个听到,要是到处传说,那就不适当了。

爵士。请你告诉我吧。

博士。我知道你可靠,对国王陛下和他的王国赤胆忠心。我可以告诉你,那是黄铜;因为据说他们确实拥有大量的优质黄铜,因此价钱便宜;它运到这里要换取好多白银,因此对我们来说价钱就贵一些;他们会运来给我们的,正是这种商品。

爵士。怎么?是铜壶、铜锅和其他铜制的器皿吗?

博士。不,除非真正为了弄到黄铜,谁也不会买这类东西。

爵士。这是什么意思?刚才博士悄悄地告诉我,他们成堆地运来的,是在海外铸成的货币,跟我们的货币在各方面都很相似;

当他们看出那些铜币的价值估计同银币相仿时，他们就带来换取我们的商品；例如换取我们的羊毛、毡制品、乳酪、黄油、布匹、锡和铅，这些东西是每个人都会乐意多搜罗一些来卖出去的；由于从外国人那里得到的我国货币比在国内市场上得到的多，他们就宁愿卖给外国人而不愿按固定的价格卖给我们了。再说外国人可以花较少的本钱提供那种货币，因为那是他们自己铸造的。他们运走的物资非常便宜，所以他们愿意尽量满足你们提高售价的要求来购买我们上述的商品。而且，虽然他们自己铸造这样的货币，但由于看到他们必须付出较多的代价来购买我们的货物，否则谁也不会愿意把货物卖给他们，那个外国人在他看见自己邻居的家里可能已有同样多的货物时，就一定会在外来商品的价格上考虑到那一点，因此他们在销售货物时会把价钱抬高一些。这样一来，他们可能会提高我们的主要商品的价格，并用铜来换取那些商品，而我们是无法用换来的铜购买我们所缺乏的其他类似商品的，如果那一类商品在我们国内并不富足的话。这种交易正如格劳库斯[①]与迪奥默德斯[②]之间的交易一样，那时他用自己的黄金马具换取那个人的黄铜马具。但在另一方面，他们不得不把带来的货物高价卖给我们；这样，如果这些庄稼人和乡绅以及我国的其他一切人等被迫廉价出售他们的东西，但又要用高价买进海外运来的一切，我看不出他们能够怎样长期保持繁荣。我不知道有谁在买卖上曾经

① 格劳库斯(公元前10年—公元54年)，在公元41—54年任罗马皇帝。——译者

② 迪奥默德斯，色雷斯人的国王。——译者

贵进贱出，而能久盛不衰的。

爵士。对于你所谈到的那种运进来的货币，也许有人搜查，并从而想出惩处的办法；对粮食也订出条例，不得从我国出境。

博士。也许还想不出什么办法使你在两个问题上以及在运进的货币和运出的粮食上不受欺骗；许多人常常会想出许多办法来解决任何问题；虽然我们周围有一片很好的水塘、即大海，但许多人可以通过主人至今所不知道的暗道进进出出。不管是谁，只要他有一座漂亮的房屋供他自己和家属住在里面，有一扇大门可以出进，房屋的主人就不会防备重要的东西被别人偷走；我们这样大的国土有许多道路和暗道可以进出，问题就不那么简单。然而，如果外国人满足于同我们以货易货，那么，虽然我们的货物对他们来说相当便宜，什么因素会使他们提高其他物品的价格呢？到那个时候，他们以高价出售，但以相当低廉的价格购买我们的商品，于是我们势必大吃其亏，他们则获利颇多，其结果是他们发财致富，置我们于贫困的境地。然而我却宁愿像现在这样，仿照他们提高物价的办法来提高我们的物价；虽然这样一来有些人会遭受损失，但如果采取另一种办法，吃亏的人就更多。在为每一项琐碎的东西规定价格方面，该做些什么事情呢？如果每一样东西的价格要靠命令来降低，就有工作可做。因此我认为，既然粮食价格的上涨并非由你们两人所造成，那么不管你们哪一位就无法加以纠正，我指的是你这位乡绅和你这位庄稼人；如果粮价的上涨是由你们造成的，那么它也可以在你们的手里用恢复到原有价格水平的办法加以补救，因为你们是这种价格昂贵的根源。可是，如果你放弃你的地租，或者你把自己粮食的价格恢复到旧日的水平，那么正如我

所说的，这样做并不会迫使外国人降低他们商品的价格；只要他们的商品价格高昂，你们压低自己商品的售价这种做法就既非上策，也非出于自愿；除非你们能够想出一种办法，怎样使你们同他们在生活上互不依赖（我认为这是不可能的），或者利用物物交换，不用货币，像我在书上读到的在荷马时代尚未出现货币时的情况一样。罗马法也证明这一点。物物交换的办法非常麻烦，需要花费大量的人力物力把商品运来运去，而如今得了货币的好处，一个人可以利用那些信物从远处取得他所缺少的东西而不必多费搬运之劳；从前很难从别人手里找到一切货物，现在只要给人支付同等价值的货币就可以采购齐全了。

庄稼人。如果这位绅士和我都不能纠正这个问题，那么该由谁来补救呢？

博士。我要告诉你我对此后这方面情况的想法。但首先让我弄清楚这种物价昂贵的原因。因此让我了解一下是否会有其他什么原因吧。

制帽商。唉，这些圈地和大片牧场也是不可忽视的原因；可耕地是以前各种各样的穷人赖以生活的根本，如今人们却把这类土地归一人所有。从前农田培育各种谷物，也饲养各种牲畜，如今只剩下绵羊了。以前一些靠农田生活的基督教教区牧师不见了，现在那里只有3、4个牧羊人，以及赖以维持生计的主人。

博士。你触及一个很值得思考的问题，虽然我并不把它看作现今这种物价高昂现象的唯一根源；但我心里这样想，如果那种圈地在未来二十年期间像在以往二十年那样增加，它就很可能大大地瓦解和削弱我国国王的实力，而这一点比物价高昂更为可怕。

关于你所讲的事情，最根本的近因是我们中间这些剧烈和不幸的骚动；由于这些圈地，国王的许多臣民不像从前那样有谋生的场所，被占据的土地又并不总是用于生产；因此，人口不断增多，他们的生计却已缩小，这就势必会有很大一部分人无所事事，生活无着；而饥饿的痛苦是很难忍受的。因此，当他们家徒四壁时，他们当然要对富足的人表示不满，并激起这些骚动。

爵士。经验似乎足以清楚地证明，圈地应当是有益而无损于社会福利的；因为我们看出，圈地最多的地区最为富裕，如埃塞克斯郡、肯特郡、德文郡等。有一次我听见一位民法学家说，在他的司法界有这样一条准则，即谁占据许多共有的东西，谁就被所有的人轻视；经验表明，共同使用土地的佃户不如各有其一部分时显得那么出色。我还听说，在海外的大多数国家，他们不知道公地是什么意思。

博士。我不是指所有的圈用地，也不是所有的公地，而只是那种由一般可耕田变为牧场的圈用地；厉害的圈用地并无规定有权出入其中这种补偿的条件；如果土地是个别地圈入的，以便让人继续在那里耕作，而对公地享有权利的每一个人都有同样一部分圈入的土地供自己使用，如果每个人都同意这样安排的话。但这种安排不会马上就办到，因为英国有许多村民，他们自己没有赖以生活的土地而只有干杂活的劳动力；他们靠上述的公地获得饮食，如果他们突然被推了出去，享受不到糊口的东西，他们就可能制造很大的混乱和不和，损害公共财富。也许还会发生这样的情况，那就是，如果人们被允许把他们的土地围起来，假装还要继续耕作，那么，过了一段时间以后，他们就会把它都变成牧场，像我们看到他们现在节制饮食的那种情景，就格外可悲了。

爵士。如果他们发现这样做比其他的办法更为有利，他们干吗要改变主张呢？

博士。我不能充分向你说明，他们为什么一定要那样做，因为他们不可能用损害别人的办法为自己谋得利益。可是在这整个问题上怎样才能使他们不那样做呢？只要他们靠饲养牲畜比靠耕作得到较大的好处，他们就仍然会把土地圈起来，把可耕地变为牧场。

爵士。官方很可能会用法律加以约束，如果他们认为这样做对公共福利十分有利的话；可是所有的人并不赞成那样的论点。

博士。我了解得很清楚，他们并不赞成，因而很难就此制定一项法律(许多可以从中得到好处的人也表示反对)。如果制定了这样一项法律，那些仍在研究如何获取最大利益的人势必千方百计钻那项法律的空子。

爵士。关于这个问题的论证，我一向听得很多；有些人在维护这些圈用地的时候常常发表这种论证。每一个人是国家的一个成员，对一个人有利的事可能对另一个人也是有利的，如果他作出同样功绩的话。因此，对一个人有利的事，也对另一个人有利，也许还对所有的人有利，甚至对国家有利。一大笔财富由许多便士构成，一便士与另一便士合在一起，再与第三个和第四个便士汇合起来，就逐渐形成很大一笔金额；同样地，每一个人同另一个人合在一起，就形成国家的整体。

博士。那样的论证很好(增加了许多新的内容)。的确，对每个人自身有利的事(也对其他任何人并无损害)就是对整个国家有利，不会有别的结果；另一方面，谁也不会承认，也许只对若干人有利的盗窃勾当会对整个国家有利。然而，这种圈地的事带有这样的性质，即一人得利，多人受害。所以我认为那个论证是符合实际情况的。

爵士。他们还会提出另一个论点说，我们自己的商品应当尽可能提高价格，而这些绵羊提供的利益也就是我们所掌握的一宗最大的商品。所以应当尽量提高它的价格。

博士。我可以用一种类似我回答另一问题时提出的理由来回答那个论点。确实，我们应当尽量提高我们商品的价格（尽可能使它不致妨碍或较少地妨碍我们其他的商品）；这是因为，固然繁殖兔、鹿等等是有利于我国的事业，但如果我们把所有的可耕地改作饲养那一类商品之用，并放弃耕作和不去生产其他一切商品，那就是愚不可及了。

爵士。他们还会说，并非所有的土地都适宜于饲养绵羊。

博士。用来繁殖或饲养羊群的通常都是十分贫瘠的土地，如果适宜于这种或那种用途的土地都变成保持羊群的土地而不用于其他方面，那么我们将在哪里培植我们的其他物产呢？

爵士。有些土地可以用来饲养羊群，但并非所有的土地都是如此。

博士。什么事情会促使他们去仿效有些人的做法呢？的确，什么因素会鼓励他们采取行动，希望在短时期内靠此成为著名的富翁呢？再说，如果每一个人都这样做（仿效其他任何人的榜样），其结果只会是整个国家陷于满目荒凉，支离破碎，不是使人才辈出，而只是提供绵羊和羊倌。这样，它就很可能成为那些首先企图袭击我们的敌人的战利品；因为到那个时候，羊主和他们的羊倌只会毫无抵抗地屈服于敌人的淫威之下。

爵士。谁能让他们尽量利用他们自己的东西呢？

博士。是啊，人们也许不会滥用他们自己的东西来损害国家；然而就我所看到的一切情况来说，这是一件值得自豪的必不可少的习惯；但我看不出滥用东西会成为物价高涨的唯一原因。如果说这种圈地和大规模放牧的行动是任何物品涨价的原因，那它一定主要是在小麦方面；最近两三年以来，我们的小麦是够便宜的了，那时价昂的大都是牲畜，如牛肉和羊肉；利用牧场和圈地来繁殖牲畜，只会增加而不会减少它们的数量。

爵士。为什么这些圈地会使人们那样愤怒呢？

博士。当然，决不是没有很大的原因的；虽然过去这三四年期间由于上帝的慷慨恩赐，我们小麦丰收，1 亩地有以往 2 亩地的产量，因而售价非常便宜；但如果那几年小麦碰巧只有中等的收成，那么毫无疑问，我们的小麦就会像其他物产一样价格上涨了；那时在采邑里发生过糟蹋贫瘠公地的事情。要是偶然碰到小麦歉收的年份，我们就一定会发现小麦的价格与往常大不相同，变得极端高昂，就像我们如今看到其他食物的价格暴涨一样；特别是，如果我们在国内没有足够的东西可以供应的话。由于很多土地变为牧场，上述情况此后可能比过去更容易发生。每个人都会谋求最有利的生财之道，并且他们确实看出，大规模的放牧和饲养牲畜比从事耕耘要有利得多。只要这种趋势长期发展下去，牧场将不断蚕食耕地，因为历来能够制定的法律并没有禁止拓展牧场。

爵士。那么你认为怎样才可以纠正这种弊病呢？

博士。使耕种所得的利益与放牧主和放羊主的利益铢两悉称。

爵士。怎样才能做到这一点呢?

博士。噢,我猜想有两种方法;不过我怕它们乍看起来似乎会使你在仔细考虑以前就感到不快,以致你不待详察就加以否决;因为我们现在谈论的是如何使物价大幅度地降下来。还有,如果我提出一项办法,让某种东西暂时贵一些,我多半会遭到拒绝,好像那样的见解是违背每个人的意愿似的。

爵士。请你继续把你的心里话讲出来,不要有什么保留。虽然你的理由初看起来是不合理的,但我们愿意听听你是否能把理由最后说得合情合理。

博士。请你记住你如今正在谈论的是什么问题;并不是怎样使所有的物价一下子降低下来,而是怎样才能打破这些圈用地,更多地利用农业耕作;关于各种物价的问题,我们今后还会谈到。

爵士。我们一定牢记不忘。

博士。是什么因素促使人们兴高采烈地增加牧场和圈用地的呢?

爵士。噢,当然是由此产生的收益呗。

博士。说得很对,没有其他任何因素。如果你能找出办法,解决我将告诉你的两件事情的任何一件,那你就会使他们像现在从事畜牧业那样乐于耕作了。

爵士。那两件事情是什么呢?

博士。嗯,要使从事畜牧业的收益同依靠耕作得来的收益一样增长得不多;或者使从事耕作所得的利益和以前靠畜牧业得来的利益一般多。而且,我相信每个人将重视耕作,正如他现在重视畜牧一样。

爵士。这种事情怎样才能办到呢?

博士。嗯,第一项办法是使饲养者的羊毛价格像小麦的价格一样低;如果你像对待小麦那样也限制未经加工的羊毛运往海外,你就能够做到这一点。你们已经制定一项法律,规定不准将任何小麦运出国境,并将它的价格提高到每夸特 1 诺布尔以上,如果你们在把它自由运往国外时所得的代价低于此数的话;只要羊毛的价格每托德超过 13 先令 4 便士,也应当限制其出境;在低于该数额时,则让它自由通行;这是一种办法。另一种办法是增加未经加工的羊毛出境的关税;这样,羊毛的价格将以饲羊人的决定为准,但不使海外的价格低于国内的价格。这是针对那些来我国经商的外国人提高的价格,国家由此获得的利益可与饲羊人所得的利益相埒,而饲羊人还可免除交纳给国王的特别津贴。关于压低羊毛价格的问题,就谈到这里为止;现在再来谈谈提高小麦价格的问题,说明它像羊毛那样同庄稼人的相应关系。同时要探讨一下,如果你们像如今对待羊毛那样让小麦在任何时候都可自由出境,那将产生怎样的结果。

商人。通过前两种办法,人们把羊毛运往海外的数量将比目前为少;如果实行前一种办法,国王对其主要商品征收的关税和所得的利益将有所减少;如果实行你的后一种办法,小麦的价格将提高很多,使人们愁眉不展。

博士。我知道得很清楚,小麦最初会显得价高;但是,如果我能使你相信那种情况是合理的,它一般说来对国家并无妨碍而只会使它得到很大的好处，那么，我想我们是会对那种状况感到满意的；关于国王的关税，我打算以后再谈。

商人。如果你能向我说明这个问题，我是愿意赞成你的见解的。

博士。我决定试着说明一下，虽然这个问题多少有点复杂；像我以前向你指出的那样，它乍看起来会使许多人生气；因为他们会说，难道你想使小麦的价格比现在高吗？即使不提高价格，产量不是已经够少的了吗？不，我请你们想办法使它便宜些，如果可以做到的话，因为它已经够贵的了。他们还可以列举一些与此相类的理由。可是现在再让这位庄稼人来回答那些人的问题吧。难道你们这些放牧的人没有抬高你们的羊毛和毛皮的价格吗？还有你们商人、服装商和制帽商，没有抬高你们商品和货物的价格，差不多比往常高出 1 倍吗？这难道不是我也提高小麦价格的充足理由吗？为什么你们可以悉听尊便，而我就该受到限制呢？不是让我们大家一起受到限制，就是让我们大家同样享有行动的自由。你们可以到海外去出售你们的羊毛、兽皮、油脂、干酪、黄油、皮革，这些都是你们靠了放牧随意抬高价格，用它们来换取最大利润的。除非按照每蒲式耳 10 便士或 10 便士以上的代价计算，我是不会把小麦脱手的。你们的话等于是说，我们这些庄稼人不应当出售自己的货物，除非是完全奉送，或者只收那么一点儿代价，连口都糊不了。你们想想，如果这儿的庄稼人确实说了这些话，他不是讲得很有道理吗？

庄稼人。我衷心感谢你；因为你已经把问题说得比我自己亲口讲来还要透彻，而又句句千真万确。我们感觉到了所受的损害，

但我们不知道原因何在；十二年以前，我们许多人看到自己靠犁耕种得来的收益少得可怜，于是那些过去拥有2张、3张、4张不等的犁的邻居便撂下了这些农具，其中有些人用他们一部分或全部拉犁的牛马把他们一部分或全部的可耕地变成牧场，从而成为富户。我们每天都有一些人把他们自己的一小块土地圈作牧场；如果我们的土地不在公地中间，互相混合在一起，那么，我想在这时以前，经过教区全体居民的共同协议，我们的土地恐怕早就被圈起来了。老实说，我没有圈起或只是圈起我很小的一块土地，因此，要不是在我的土地上饲养一些牛、羊、猪、鹅和鸡，我就根本无法凑足向领主交纳的地租；这样，由于代价不小，我挣得的纯利比种植全部小麦来得多；但我还只能勉强糊口，因为家庭所需的许多东西花费我的钱高于以往。

制帽商。虽然博士先生在这里所说的道理确实使你们庄稼人听起来非常悦耳，但它根本引不起我们工匠的兴趣，因为我们必须用我们的钱币购买制面包的小麦和酿酒的大麦。你这位博士先生同样振振有词地认为这位庄稼人应当提高他的小麦的价格，并且可以像我们向外国销售货物一样随便输出小麦，对于这种言论，我说不出很多反对的意见；然而我要说，每个人都需要小麦，但他们并没有那么多的其他物品。

博士。因此，小麦越是必不可少，人们越加应当重视小麦和加以培植；这是因为，如果他们看到使用犁不如用其他技术能够获得较多的收益，你想他们会不会放弃原有的行业，从事他们认为比较有利可图的其他行业呢？这一点你们可以从这位老实人乡邻的行动中看出来，他们由于看到放牧比耕作较为有利，已经把可耕地变为牧场了。俗话说，报酬产生技艺，也就是说，利益或报酬的提高培育各种本领；这个说法十分正确，以致所有的人根据一般的判断都能同意。我们还必须懂得，法律的直接惩罚不应在一个国家里强迫或限制人们去做一切必须做的事情；但是，固然有些人慑于法律的威力，另外一些人却毋宁说是受了事业和报酬的吸引，才去做他们必须做的事情的。这是因为，什么样的法律能迫使人们辛勤工作，努力劳动，或者孜孜不倦地学习智能方面的任何专门技巧和知识呢？他们可能会受到激发、鼓励和吸引去做那些事情，如果勤劳的他们在殚精竭虑之余得到很好的报酬，能够以其劳力得到收益和财富作为补偿的话。与此相类似，如果有学问的人按照他们在求知方面奋勉进取的程度得到提升和尊敬，每个人就会潜心钻研，在体力劳动上勤奋从事，在知识范围内孜孜以求，奋斗不懈。要是取消这种报酬，开始用法律强迫他们去做那些事情，谁还会来犁地或掘地，或者从事任何需要付出辛劳的体力工作呢？或者说谁还会壮着胆子远渡重洋去进行任何商业活动呢？或者说，如果看到所得的报酬不会优于株守家园时的收入，谁还愿意冒着风险或危险去运用他的才干呢？可是，你们也许会回答我说，不会取消他们的全部报酬，而只会取消其中的一部分。然而你们一定会赞同我这样的意见，即如果他们得不到全部的报酬，所有那些才干必然会凋敝；所以，如果一部分报酬减少了，运用那些才干的积极性也将按比例相应地减少；这样一来，他们所得的报酬越低，受人尊敬的程度越薄，他们就会越加松松垮垮，提不起劲来。现在再来谈一谈我们所要解决的问题；我认为更有必要想出一种办法，使农业得以兴旺起来而不是比以前衰落，这件事我还看不出怎样才会实现，但我像许多人一样，确实认为他们所得的收益越多，他们就愈加乐于从事那种技艺。确实，在一个国家，有些事情必须由别人努力推动，有些要用报酬来吸引，因此，贤明而善于运用策略的元老院议员西塞罗[①]写道，据希腊七人之一且为七人中唯一制定法律的梭伦[②]说，一个国家主要靠两件事情来支撑，即报酬和克制；我根据这番话推测，人们应当在报酬的激励下去做好事，同时要努力克制，不做坏事。真的，如果不更好地爱护庄稼人，激发他们使用犁的热诚，那么，在时间的推移过程中将有许多张犁闲置不用（我担心已经出现这种情况）；如果在我们中间万一碰到荒年，就像通常七年会发生一次的那样，我们就不仅会遇到物价上涨，而且也会看到小麦数量不足，不得不用高价向国外的若干地区觅购小麦。

爵士。你能采取什么办法更好地扶植他们使用犁呢？

博士。让他们靠耕种土地比以往获得较多的利益，并使他们可以像人们处理其他物品那样在任何时间、任何地点随便出售小麦。毫无疑问，小麦的价格将上涨，特别是在最初的短时期内；但价格将刺激每个人去拿起犁来耕耘土地，开垦荒地，并把圈用的土地从牧场改为可耕地；因为每个人都将乐于趋向他们看出可以从中获得较多利润和收益的行业。这种办法一定可以保证小麦充盈，并由此将大量财富带入我国；此外，其他一切食物也将在我们

---

① 西塞罗（公元前106—公元前43年），古罗马政治家、雄辩家和哲学家，公元前63年任执政官，公元前51年任西里西亚总督，为元老院中有影响的人物，后被杀害。——译者

② 梭伦（约公元前638—约公元前559年），古雅典政治改革家和诗人，为古希腊“七贤”之一。——译者

中间大量增加。

爵士。我乐意听你说明所采取的办法。

博士。你已经听人说过，庄稼人通过自由输出和销售小麦，获利颇丰。由此可以看出，每个人都自然会趋向他认为可以从中得到最大利益的行业。所以，人们会乐意从事农业。务农的人愈多，小麦的产量必定会更加丰富；小麦愈加充足，价钱就会格外便宜，同时也会有更多的余粮满足国家的需要；再说，丰年的积余又将给我们带来其他的谷物，或者带来我们所必需的其他国家的商品。因此，从事农业的人愈多，各种食物的生产将更加普遍，如牛、羊、猪、鹅、蛋、黄油和乳酪，因为所有这些主要是靠谷物饲养出来的。

爵士。如果人们在收成相当好的年份把供应国家以后的全部剩余粮食卖掉，然后碰到荒年，以前丰收年份的谷物毫无贮存，我们该怎么办呢？

博士。首先你必须考虑到，人们一定会在国内保留足够数量的谷物供他们自己食用，然后才出售余粮；他们有随意销售商品的自由，但毫无疑问，他们宁可在国内以低廉 2 便士或 4 便士的价格售出，而不愿加重运输之劳和承担风险，把它送往国外以较高的价格脱手(除非获利多得多)。这样，人们受赢利的刺激，愿意保留较多的谷物，以期待一个粮食腾贵的年份，从而就需要有较大的仓库。虽然他们没有很高的奢望，但在丰收之年供应全国的需要以后还会把所有的余粮卖到海外去，因为通过上述的办法，那时已经使用的犁将在丰年满足国家的需要，如果一个歉收年份继之而来，那么许多张犁生产的谷物将像在丰年那样富足有余，而在荒年则至少可以满足国家的需要。所以，歉收年份将有足够的谷物供应国家，丰年也只会有充足的供应，因为人们可以把多余的粮食运往国外以换取大笔钱财或其他商品；如今，在一个丰收年份，我们力求掌握尽量多的粮食以满足国家的需要。于是，如果万一遇到荒年，我们自己一定会缺乏粮食供应，不得不往海外采购。到那个时候，要是他们像我们这样嫉妒心重，在我们向他们求购粮食时，他们岂不会说，既然以往在我们粮食充盈时他们买不到我们的货，为什么在我们遇到荒年时要把粮食卖给我们呢？根据常理推断，当一个地区缺粮时，另一个地区理应给予帮助。所以上帝已经命令，任何国家都不得拥有一切商品，而是规定一国缺乏某种商品时，另一国家应当给予接济；同时规定一个国家今年缺少某种商品，另一个国家在同一年份有充足的数量，其目的在于使人知道，所有的国家都需要互相帮助，从而使法治和交往在我们中间愈加昌盛。然而，我们所采取的行动仿佛表示我们无需世界上其他任何国家的帮助，完全靠我们自己就可以生活了；也仿佛表示我们可以经营自己开列的一切商品并从中获利似的；虽然上帝对我们异常慷慨，赏赐给我们许多极好的商品，但如果没有其他国家的商品，我们是无法生活的。例如关于铁和盐，虽然我们有能力生产，但还要输入十分之三才能满足全国人民的需要；如果我们决定从事农业，铁和盐是无论如何省不了的。还有焦油、松香、沥青、石油、钢，我们不生产这些东西；至于酒类、香料、亚麻布、丝绸和染料，虽然我们没有它们也可以照样生活，但那就离文明的状态未免太远了。我并不否认，如今我们从海外买来的东西在我们这里不算短缺，有许多是完全可以不必输入的；关于这个问题，如果时间许可，我以后还要谈到。可是现在让我们回到我刚才谈起的第一个问题，即以降低

对羊毛和兽皮的重视作为振兴农业的一种方法的问题；虽然我并不把那种方法看作同另一种方法一样妥善，因为我认为那种方法不能作为我们任何商品的基础，除非为了增加一种更好的商品；然而，如果两种商品能够一起增产，正如我认为利用最后的那种方法它们可能做到的那样，我就承认那种方法较好；不过，商人兄弟，你刚才指出，或者是限制羊毛或其他商品的产量，直到它们在国内同谷物的增长速度相等为止，或者是增加羊毛和上述其他商品的关税，直到其价格（除上述各种商品的关税外）与谷物的价格成比例为止，只有到那个时候，国王陛下的关税才应减少；我却并不认为是如此；就一种方法来说，正如他想把更多的羊毛销售到国外去那样，他在关税较高时也会减少羊毛的输出。关于另一种方法，如果说国王由于对羊毛征收关税而有所失，他同样也会由于对国内制造的服装征收关税而有所得。然而，就这后一种方法来说，我要指出的是，如果出现那样的情况，我们就必须做到这样一点，那就是，如果在我们内部保留很多商品，我们就必须省掉其他许多目前从国外进口的东西；因为我们应当注意，务必使我们向外国人购买的货物不超过我们销售给他们的货物，要不然我们就会自趋贫穷，让他们发财致富。如果一个庄稼人每年除了赖以糊口的农业收入外别无其他进账，在市场上买得多而卖得少，他就不是个出色的庄稼人。那是说明我们在这个国家可以节省很多钱财的一个论点，如果我们想这样做的话。我感到惊奇，居然谁也不注意从海外运来了多少不值钱的东西，而那些东西我们是完全可以省掉的，或者是可以在国内自己制造的；为了那些东西我们每年花了无数钱财，或者给外国人换走了他们所必需的大批货物，而这些货物我们本来是可以卖大价钱的。我指的是其中的玻璃制品，有镜子和酒杯乃至窗用玻璃，以及罗盘、桌子、纸牌、球类、玩偶、笔管、角制墨水瓶、牙签、手套、小刀、匕首、钱袋、饰针、服饰用的金线、绸纽扣和银纽扣、陶罐、别针、针编花边、鹰脚铃、白纸和棕色纸以及其他成千种东西，这些东西都是可以省掉的，或者在国内制造出来足够我们使用的。至于有些东西，他们是用我们自己的原料加工后又运到我们这里来的；通过这种办法，许多国家使它们的人民有活可干，并从我国汲取很多钱财。外国人用我们的羊毛制成织物、便帽和粗绒裤；他们用我们的生皮制成西班牙皮制品、手套、腰带；用我们的锡制成盐碟、汤匙和盘子，用我们的碎麻破布制成白纸和棕色纸。你们想，为了购买这些东西的每一项，我们要运出多少钱财呢？合并起来的款数超出我的估计。对于手套，除了在法国或西班牙制造的以外，谁也不会满意；或者说粗绒裤，那就必须是在佛兰德染色的；要买呢绒，就必须是在法国印染的；要说提花织物或服饰上用的金线，那就必须是威尼斯或米兰的产品；无论是匕首、短剑、烤盘还是小刀，都得买西班牙货；踢马刺颇有销路，但必须是由妇女头饰销售商带来的货色才令人中意。在以往二十年期间，我没有见过这些零星杂货商出售法国或米兰的便帽、玻璃制品、匕首、短剑和烤盘之类的东西，就是有的话，全伦敦市也顶多只有上 10 家。如今从伦敦塔到威斯敏斯特，沿路每条街上到处是这类的铺子；他们的店铺里闪现出镜子和酒杯的玻璃光芒，还有各种用同样材料制成的器皿；彩壶、装饰华丽的匕首、小刀、短剑和烤盘，能使任何有节制的人停步凝视，并多少买一些，虽然那些东西不能算作必需品。如果他们能够就近从肮脏的泥土中、从细砾和蕨根中比从许

多金矿获得更多的金银，他们何必远航到海外的秘鲁或其他这样的遥远国家，何必试验西班牙的塔古斯河、亚洲的帕克托勒斯河和印度的恒河的泥沙，企图从中得到发出闪光的小粒黄金，又何必深挖地层去寻找金银矿脉呢？我认为，每年输出10万镑的款项去换取其本身没有什么价值的东西，而好像只是去偿付外国全靠我们的费用开工生产那些东西的工人的劳力，这可不是一件小事。其严重之处在于我们通过这种方式看到自己的货物和钱财不断遭到掠夺而听之任之。特别是，那将容许我们自己的物资流出国外，使外国人有活可干，然后又从他们手里把我们自己的商品买回来；比如说，他们在海外用我们的羊毛制造和印染花呢、绒面呢和便帽，再运到这里卖给我们；请你们注意，在这过程中他们末了是怎样使我们为了自己的物资再次付出代价的：付给外国人的关税、做工和颜料，最后还有把货物返销到我国时支付的第二次关税。另一方面，如果同样的商品在我们国内制造，我们就可以安排自己的工人在外国人承担费用的情况下进行生产，整个关税将由外国人向国王缴纳，净得的收益将全部留在国内。

爵士。如果我们考虑这些东西，以及每年为了换取这些东西从我们这里流到海外去的其他东西，那么你就是再发表同样多的议论，也显得太少了；但就我已经谈到的一点而论，尽管外国人购买羊毛时付出较高的价钱，还要缴纳两次关税，即运出羊毛和以便帽的形式返销时付的两次关税，这样的商品也比在我们国内制造来得便宜；关于这一点，应当多加讨论，因为我想了解得清楚些。

博士。我不知道这是否由于我们长期懒散，还是由于付出较高的伙食费用，或者由于我们英国人比其他任何国家的人民更习惯于游手好闲；然而，我们最好还是付出较高的代价向我们自己人购买那些货物，而不要以低价向外国人购买；因为不管多么少的收益流往国外，对我们来说总是一项损失。可是，不论多大的收益从一个人的手里转到另一个人的手里，毕竟还是保留在国内；我听到有人讲的理由同你所讲的差不多，那是我向一位装订工人为什么我们国内没有像外国人那样制造白纸和棕色纸时他作的说明。当时他回答我说，有一个时期我们国内是造过纸张的。他说，最后那位工人看出他造的纸不如从海外运来的便宜，就不得不放弃造纸了。这也怪不得那位工人，因为人们看到纸张是国产，便不愿多出价钱；但我宁愿使纸张停止输入，或者赞成加重关税，等到外国纸张运来时，我们的工人所提供的纸张就可能比外国货便宜，如果把关税考虑在内的话。

爵士。啊，你说的这件事是国王的代言人不会同意的；如果这类货物在国内制造，国王所得的关税就会减少，因为从海外运来的这类货物势必锐减，甚或绝迹。

博士。如果国王的代言人也确实重视以后产生的利益，好像那是摆在眼前的事实一样，他就会非常愿意赞成这个建议了；因为通过这种办法，我们的国家可以节省无法估计的钱财。于是，它就会不仅有利于臣民，而且有利于国王，因为臣民的财富就是国王的财富。据我看来，他们并没有给国王很好地提供目前这一种商品所得来的利益，并认为这种商品是他的臣民不必担心而可以持久不衰的商品。

爵士。你可能是想敦促议会制定一项法律，不准这类货物从国外运来在这里销售，如果它们既可在外国制造，又可在我们这里制造的话。

博士。当然，我是希望如此的。

爵士。我曾在议会担任议员，那时有过这样的动议，但只是要求规定外国制造的便帽不得在我国境内销售罢了。于是一位英明的大人物起来答辩说，这种措施恐怕至少要影响到国王陛下和一些外国君主之间订立的盟约。如果我们想提议制定一项法律，规定外国用我们的羊毛制造的任何产品以及它们的锡、铅和皮革等一律不准在这里销售，那么你想人们又会发表什么样的言论呢？

博士。我无法说明那样做是否会影响盟约，也说不清楚任何这类的盟约究竟是什么性质；但我要告诉你，我认为一项了不起的盟约应当使我们所制定的法律对我们有利。如果有何对我们不利的盟约，我就宁愿它被破坏而不是被保存下去；因为破坏这种盟约将对我们有利，把它保存下去只会对我们有害。我认为，当我们参加任何盟约的时候，它纵然并不阻碍我们的行动，也影响我们的财富。所以，凡是可能妨害我们的公共财富的盟约，都不值得尊重。

爵士。在外国，他们是否会制定一项法律，规定我国国内制造的商品不得在那里出售呢？近来，当我们打算制定一项法律，禁止外国瓶装的酒类在市上销售时，他们就制定那样的法律了。

博士。但他们不得不废除他们的法律，其心情的迫切胜过我们废除自己的相应法律，因为我们在本国制造的商品对他们来说是必不可少的，例如织物、皮革、牛脂、啤酒、黄油、乳酪、锡镴器皿等等。对我们来说，他们的商品主要提供娱乐和舒适生活而不是必需品，如餐桌、纸牌、香味手套、玻璃制品、陶制药罐、罗盘、柑橘、高级苹果和樱桃；甚至可以说，对于他们的主要商品，我们与其购置，还不如不用，因为它们不像酒类、香料、铁和盐那么重要。我敢发誓，我们宁愿仿效我在威尔士长途跋涉时所了解的一个不很显眼的市镇，叫做卡那文；那里从英格兰开来了一艘船只，满载了苹果，在以前他们用这批货物总能换回很多谷物，但是，该市镇的官员命令任何人不得购买上述经过千辛万苦运来的苹果；因此那艘船在港口停了很久，既没开走，也没卸货，最后苹果腐烂，全部损失了；当船主询问该镇镇长，为什么他阻止船只开航和卸货时，镇长回答说，那艘船只是到那里去取走他们当地所拥有的一些最好的东西的，如皱领、绒面呢和羊毛；另一方面，船主将要留在那里的东西却会在不到一星期的时间就被消耗净尽。他还说，如果你们像过去那样给我们运来这个地区所需要的小麦和麦芽，你们就一定会随时受到欢迎，可以在我们的港口自由开仓销售。请你想一下，难道伦敦、南安普敦、布里斯托尔、切斯特等大城市不可以从这行动中向威尔士这个小城镇学习到很好的教益吗？当船只满载柑橘、高级苹果或樱桃驶进口岸时，难道他们不会说，如果对方愿意接受梅子、李子和草莓作为交换，那就可以随便成交吗？当外国人运来玻璃制品、木偶、拨浪鼓等物品时，他们就应当接受同样微不足道的东西作为交换，如果我们国内有任何这类商品的话。但是，如果他们前来的意图是想换取我们的羊毛，换取我们的呢绒、小麦、锡、铅和金银等这样一些重要的必需品，那就让他们再把亚麻、焦油、石油、鱼等等运来；并非把他们看作幼童，给他们一只苹果去换取他们身上最好的贵重饰物。照目前这样的情况，我们的钱财和主要商品陷于枯竭，而我们自己还看不出来龙去脉；这就是向外国人的机智缴纳的罚款，是我们自己感觉迟钝的结果；可是，如果

我们重视外国人的策略，情况就会差强人意了；但如今我们却想出其他许多办法来耗尽我们的财富，使自己贫困。现在我必须谈一谈你这位商人兄弟以前所接触到的问题；我认为它是各物昂贵和我国明显贫穷的主要原因，如果得不到补救，很可能会在短时期内摧毁我们的国家，那就是降低甚或破坏我们的货币和财富的交换价值；这样，我们已经为外国人创造了一种方法，不仅让他们用黄铜来换取我们的金银，也不仅让他们耗竭我们的财富，而且让他们用一些没有价值的东西来交换我们的主要商品。当时人们还认为那是一种妙策，不但可以借此把我们的财富运回国内，而且可以带回别国的许多财富；然而经验却已经十分清楚地表明了相反的结果，使它成为一种值得怀疑的十分愚蠢的行动。

爵士。不消说，由于看到货币不过是从一个人的手里转到另一个人手里的信物，我就看不出用这种金属而不用那种金属铸造货币会对我国产生什么样的害处，真是愚蠢透顶了。因为我想，既然通常盖有国王的印记，那么货币用什么金属制成，哪怕是皮革或纸张，又有什么关系呢？

博士。你讲的话同大部分人讲的话一样，但他们离真理很远，就像没有把问题彻底思考过似的；由此看来，上帝决不会使我们中间的物价高涨，国王是可能很快会加以补救的；如果说小麦每蒲式耳售价为 1 克朗，国王就可为他自己和他的臣民提供足够多的用黄铜铸成的克朗，以支付上述物品的款价。这样就使他和他的臣民能够很容易地用这种金属制成的 1 克朗去买进 1 蒲式耳的小麦，也就等于现在花 1 便士的代价做成那笔交易。由于小麦的价格上涨，国王可以按照比率提高他的硬币的价值定量；于是小麦就确实会始终保持在一种定值上面，虽然它在名义上似乎有所上涨。例如，假定今年的小麦每蒲式耳售价 1 格罗特，第二年为 2 格罗特，国王就可使每格罗特被称为 8 便士；如果每蒲式耳的小麦涨到 12 便士，他就可以把格罗特的地位提高到 12 便士；所以，不论所采取的办法是使其他金属铸成的硬币的币值同现今所有的人一概接受的币值相等，或者是提高那用测定的金属铸成的唯一硬币的价格，国工都可以（如果你的理由是正确的话）经常使小麦以及人生的其他所有食物和必需品始终按一种价格计算，虽然在说法上有所不同。然而，你根据经验至今每天可以看出与此相反的情况；当上帝促使小麦或其他物品缺乏时，任何一位皇帝或国王是无能为力的；如果他们有回天之力，他们为了自己以及他们臣民的安逸起见，是乐意采取措施的。如果你以前讲到的理由可以成立，他们也许会立即付诸实施；那就是，他们或者用他们经过估量的劣质金属铸成硬币，或者提高他们按某种比率定价的金属制成的硬币的价值。但是，一个人骤然看来会认为我国的一位国王可能很容易做到这一点，觉得他可以随心所欲地铸造任何种类的硬币以投入流通领域，并且要怎样估价就可以怎样估价。然而，凡是抱有这种想法的人只注意名称而不注意他们所了解的事物。如果一个人不去区别 1 盎司白银铸成的 6 个格罗特和 1 盎司白银铸成的 12 个格罗特之间的不同；即按第一种的格罗特来说，每格罗特分明等于 1 盎司白银的六分之一，按另一种格罗特来说，每格罗特分明等于一盎司白银的十二分之一；那么，1 个格罗特与另 1 个格罗特之间的区别就像是 2 与 1 和一个整体与其一半之间的区别一样，虽然二者的任何一种使用同一的名称，即都称为格罗特。我们必须考

虑到，金银虽然是通常用以制成硬币的金属从而作为人与人之间交换商品的信物，但也是人们用以交换金银币的外表名称所必需的商品，其数量的稀有和丰富是使价格较低或较高的依据。由于我们携带数量很大的物品去交换我们所缺乏的物品这一过程非常累赘，又要花费一笔很大的费用；同时因为我们的物品分量颇重，要运往远处难免不受损失；另外，我们携带的货物经常或多或少，不会同我们所能收受的货物彼此相等；因此人们就想到了金银这两种金属，它们作为商品重量最轻，价值最高，携带起来最为方便，在运送过程中最不易受到损害，并且可以分割成许多部分而没有任何损失，是用以交换其他一切商品的最理想的手段。如果我们想设计一件新的东西，实际的需要也会使我们又想到同样的方法。这是因为，假使我们彼此不用货币，只是实行物物交换，像我在书上有时读到的那样，那么，我们在国内就必须每次都拥有各种数量十分充足的物品，例如小麦、羊毛、毛皮、奶酪和黄油；其数量除了输出国外以换取足够我们消费的其他种种商品外，还应保有大量的贮藏，既不致一时耗尽，又不致贮存过久而遭毁损；既然如此，难道我们不愿拿数量充足的、经不起长期贮藏的物品去换取那些经得起贮藏的物品，并可在上述物品稀少时再把最近贮藏的物品卖出去，换回那些物品或其他任何必需品吗？你们当然愿意；我们还应当考虑，使这样的商品在那交易中放在较少的房间里，使其能以最长的时间继续存放下去而不致有何损坏，往来运送所花的费用较少，在任何时候和任何地方最为通用。那么仔细想想，是不是金银最能符合那种要求呢？我指的是价值最高，携带起来最为方便，最能长期保存，最适合公认的形式和特征，在各处最为通用，最易分成许多小块而无损于它们的本质。在有些方面，我承认宝石确实胜过白银和黄金，在其价值或携带方便上也是如此；但如果作为货币，它们却不能分割而无损于它们的实质，而且一旦分割以后它们就无法再并拢起来，其中有许多还经受不住那么多的危险而无损于它们的本质，也不能轻而易举地打上标记或印记，甚至还不能普遍受到重视。所以，它们除了在价值或携带方便上有其特色而外，不像白银和黄金那样符合交换手段的要求。由于黄金和白银本身具备所有这些便利的条件，整个以文明著称的世界一致同意选择它们为交换手段，用来衡量一切东西，因为它们最适宜于携往远处或贮藏，或者便于我们用丰富的货物换取它们，或者使我们有可能在最需要的时间和地点用它们去换取我们所缺乏的其他东西。例如，如果没有任何流通的硬币，但在这种条件下要交换物品，就像我们所说过的有时出现的那种情况；再说，如果有谁在一个年头收获很多小麦，预计以后几年难以全部用完，同时看出他不能把它长期贮藏，等待一个麦价高涨或小麦歉收的年份到来，并且如果他长期贮存的话，大部或全部小麦就会霉烂；那么在这种情况下，他把多余的小麦去换取某种可以长期保存而无损耗或毁坏之虞的物品，去换取在他需要的时候可以随时换进的小麦或其他某种必需品，岂不是非常明智的吗？是的，毫无疑问，如果世界上没有白银或黄金，他就会采用锡、黄铜、铅或其他经得起长期保存而不会损伤的相类的东西；他最希望拥有的，将是重量较轻、价值最高、耗损的危险较少和最为人们普遍欢迎的东西，而黄金和白银的优点则胜过其他一切金属。

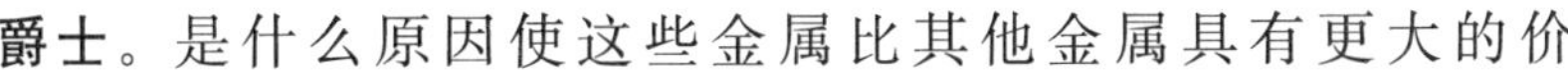

爵士。是什么原因使这些金属比其他金属具有更大的价

值呢?

博士。毫无疑问,它们的优点无论在赏心悦目还是在使用价值上都超过其他金属,其部分的优点还在于以稀为贵。

爵士。这些特性算得了什么呢?如果你称赞黄金在轻重和柔韧方面所占的优势,铅在这些方面就有过之而无不及;如果你表扬它的颜色,那么根据许多人的判断,白银颜色之明净犹如白昼,胜过黄金,传令官喜欢用它作为纹章上的饰物,因为它在战场上涂上了日光的光辉,使其他颜色黯然失色,让人看起来仿佛就在咫尺之间,而其他颜色似乎显得昏暗而遥远,因此丧失了它们自己的力量。

博士。虽然铅在那一点上非常近似黄金,我是说关于重量和柔韧性,但它在其他性质上却相形见绌,不足称道了;在颜色方面也是如此,根据其他一些人的判断,黄金胜过白银,因为它类似太阳和星星这样一些天体的色泽,或者可以说与那种色泽相等,而那些天体则是人类肉眼所能看到的最卓越的东西。在武器方面,我不知道人们是怎样评价黄金的;可是我知道得很清楚,君主们大都用那种色泽来增加他们武器的光彩,不论那是为了发挥黄金的长处,还是因为他们热爱其用制造武器的黄金,我就无法奉告了。可是,现在让我们来评价黄金的其他性质吧;烈火根本不会损坏或消耗黄金,而且火烧得越旺,其纯度越高,这是其他任何金属所不能企及的。再说,它在被人们占有的情况下磨损最少,也不会像白银那样弄脏它所触及的东西,因为你用白银可以划出道道,这就表明那种材料会产生污染的作用;虽然作家们看到它居然划出这样黑的一条线而表示惊讶,但那是它本身的光泽。还有,没有任何锈斑或污垢会减低黄金的那种优点，或者损坏它的实质。它经得起溶液、盐和醋的腐蚀而不受损伤，而任何其他的东西却不是如此。黄金不需要像其他金属那样用火来冶炼，它在被发现时就像当空的太阳那样令人目眩。它是由输出的羊毛引来的，仿佛就像羊毛那样柔软。它很容易十分稀薄地散布在树叶里面；你们可以用它来装饰任何其他金属或给它们镀上金色，当然石头和木材不在此例。它在便于制造器皿或其他器具方面也并不比银逊色，只有颜色更加纯净、更加整洁，在注满液体时显得格外可爱。在洁净、美观、可爱和光亮等值得称道的方面仅次于黄金的是白银。它不仅可以用来制造器皿或其他器具，而且可以用来制造汤匙，但不是可以用输出羊毛的办法获取的；有些东西从前只能用黄金制作，比如我听说那时只用黄金制造服饰，但近来就也有用白银的了；饰以宝石和镀了金，银匙就能以假乱真，与往昔夹有金线的织物相媲美。现在再来谈谈其他的金属，请你看看它们适合什么用途；如果那些金属离我们很远，它们也许会更受重视。刚才我告诉你，数量的稀少使上述金银这两种金属非常突出，但还不止这一点；因为它们在质量上占据优势，所以大自然似乎又以把它们贮存在离它的其他礼物较远的地方，来向我们表明所有遥远的东西都是稀少的，而且由于最远的东西最不容易到手，它们最值得重视。正如伊拉斯默斯[①]说的，如果玻璃像白银一样稀少，它就会像白银一样昂贵，这话不是没有道理的；要知道谁会给窗户配上银板，以便挡住气候的不利因素，但又想如同使用玻璃那样，通过银板窗棂得到采光的便利呢？

① 伊拉斯默斯(公元 1466？—1536 年)，荷兰幽默作家、学者和神学家。——译者

所以，我与其推荐黄金或白银，还不如从用途上着眼，推荐其他的东西，比如铁和钢，因为我们可以利用它们比利用金或银制造许多更好的工具，供许多必要的用途；但是，就我们所谈到的一些用途而论，银和金显然胜过其他一切金属。这个问题我就不再多谈了。到此为止，我已经举出一些理由，说明为什么金和银这两种金属所受到的重视程度超过其他金属。

爵士。为什么国王和君主用这些和其他金属冲压硬币，只是由于他们需要这种硬币表现出它俨然带有的估计价值，不管那种价值究竟如何；如果他们冲压的金属带有的估计价值与原来金属的价值相比不好也不坏，他们就白费手脚了。因此我宁可携带小型的金银餐具或工具而根本不带任何硬币到国外去同人们交往。

博士。当然，从前在罗马人的中间就盛行这种办法，那时没有用黄铜、白银或黄金铸成硬币，而是只按重量计算价值。因此直到今天还遗留下来如利布拉、镑、两镑等这样一些硬币的名称，以及如索利达、第纳勒斯等重量的名称；后来才给予硬币以同等的重量名称；还有，衡量这些未加工的金属的普通官员称平衡员，关于这些官员我们在谈到文官时已经提及；然而，由于买主和卖主频繁地参加交易和聚会，要停留在那里去称这些金属的分量并加以测试，未免令人生厌，于是人们就认为最好的办法是由君主在这些金属上面印几种标记(因其重量不同)，向收受者保证其实际重量不少于所声称的重量。按照设计者的示范，他们在 1 磅的重量上打“磅”的标记，在 1 盎司的重量上打“盎司”的标记；因此，在其他钱币上分别打了不同的标记以后，各种硬币的名称就产生了；这样，人们就不必费那么多的烦劳去衡量和测试每一块钱币了，因为印出的标记已经说明，每块钱币包含的重量就是每块上面的标记所确定的重量。君主在其臣民中间享有很高的信誉，臣民对他们是没有什么怀疑的。当他们企图变换办法，即在半磅的钱币上标出1磅的印记、半盎司的钱币上标出1盎司的印记时，他们的信誉仍使那些钱币得以流通，就像书上所载罗马人不止一次策划过的那样；但一旦这种伎俩被人发觉，两个1磅的钱币就至多只能当以前的1磅使用；结果，君主最初获得的好处最后在人们缴纳租金、关税等等时统统丧失掉了；所以说，离东方愈近，离西方愈远；这很像我所知道的英格兰某些城市的情况；那些城市的市民惯常按照某种长度和宽度裁制他们的衣服，并把同样尺寸的衣服打上印记；在他们真正按规格裁制时，外乡人只要把他们的印记瞧上一眼，就买下他们的货物，这样，那些城市制造的衣服销路很大，营业鼎盛。此后，那些城市里的一些人不满足于合理的收益，他们的欲念越来越大，所设计的衣服尺寸比以往缩小，质量也有下降，但由于印记的推荐，他们仍可照样得到从前出售优质衣服时收受的代价；有一段时期他们获利颇多，从而降低了他们的先辈步入鸿运的信誉，而那种鸿运嗣后却由他们子孙的损失所抵消了；因为在人们发现这些衣服有缺点以后，尽管衣服上面标有印记，他们却不如从前那样受到信任，而且由于他们的印记反倒令人产生更大的怀疑，虽然那时他们的衣服还算是做得不错的；当他们弄虚作假的欺骗行径被发现时，谁也不愿买他们的衣服了，除非是顾客不看印记，把衣服摊开来仔细检查以后再作决定。然而，顾客由于发现他们在某一方面不够诚实，便怀疑他们在其他方面也不可信任；因此他们只肯出一笔比购买其他任何没有印记的类似衣服较低的代价来买进他

们的衣服;于是,同样那几个城市的信誉丧失了,它们陷入了极端衰败的境地。难道你们没有看见,我们的货币已经在外国人中间信誉扫地,虽然从前由于我们的货币价值可靠,他们曾经长期希望走在所有其他国家的前面,来满足我们的需要吗?如今他们不让我们采购他们的物资了,除非只是为了换取我们的商品,如羊毛、兽皮、牛脂、黄油、奶酪、锡和铅;固然他们从前带来品位很高的金银或许多必需品以换取我们上述的那些物产,如今他们却运给我们很多不值钱的东西,像我以前谈到的玻璃、陶制药罐、网球、纸张、腰带、饰针、扣环、纽扣、罗盘或诸如此类没有多少价值或用处的物品;或者,如果我听到的传说确有其事,就像我以前悄悄地告诉你的那样,那么,他们是用黄铜来换取我们的金银财宝和我们上述的商品的。我向你保证,你现在看不见有什么金银像以前经常见到的那样运来给我们了,并且你也不必惊讶。既然白银或黄金得不到正确的评价,他们干吗要把它们运到这里来呢?所以我已听人说起一种真实的情况,并且我格外相信其确凿无疑,因为完全可能的是,既然我们的硬币质量低劣,改变了模样,外国人就伪造了我们的硬币,设法把大批大批的伪币运到这里来脱手,既换取我们的金银,又换取我们的主要商品;我把这种情况转告给你,如果听其自由发展,它可能会在短时期内给国王陛下和这个王国带来十分严重的干扰。

爵士。如果那些情况是真的,那么,我们还有许多检查人员使问题得到妥善的解决,既阻止伪币流入,又不让我们的旧币运出国外。

博士。我曾对那告诉我这个如今由我转述给你听的情况的人说，如果检查人员不怎么忠于职守，受检查的人是会用许多方法欺骗他们的；比如把伪币放在压舱的重载中间，或者藏在一些酒桶里面以及运给我们或从我们这里运出的其他液体里面。再说我国的每一个小港都没有检查人员；即使有的话，他们也不会高风亮节，不受金钱的腐蚀。此外，难道你们没有宣布，我们的旧币，特别是旧金币不得超过这样一种价格在这里流通吗？因为每样东西都往最受重视的地方流去，难道上述的办法不是把我们的黄金从我们这里弄走的最简便的方式吗？所以我们的财宝给一船船的运走了。

爵士。我深信你叙述的那些事情是外国人从我们这里吸干我们旧日财宝的手段；但是，它怎么会像你所说的那样使我们自己人中间的一切东西都如此昂贵，我可还看不出是什么缘故。

博士。什么，难道你没有看出，由于这方面的原因，你现在为了购买从国外进口的每一种产品而付出的代价都比往常高吗？

爵士。那是无可否认的。

博士。你想达到什么样的程度呢？

爵士。足足贵三分之一，各种东西都是如此。

博士。他们既然以高价进货，以后卖出时是否也一定收取较高的价格呢？

爵士。确实是这样，如果他们想要生意兴旺的话；要是他们贱卖贵买，那就永远也发不了财啦。

博士。你自己已经提出理由，说明为什么我国的各种物品如此昂贵；那就是，我们必须用高价买进从国外运来的一切商品，因此我们也必须按高价卖出我们的东西，否则我们就会使自己在交易上吃亏了。虽然这个理由把问题说得很清楚，但经验却能把问题解释得更加明显；这是因为，虽然你说从国外运来的每一种东西比以往贵三分之一，可是你难道没有看到，我们自己的货物不是按同样的比例(即使并非更多地)提高价格，甚至旧币本身也是如此吗？我国的旧币安琪儿以前不过值 20 格罗特，现在却值 30 格罗特了，其他的一切旧币不是也按这样的比例涨价了吗？可是我想，纵然银币的价格涨得很多，从原来的 20 格罗特涨到 30 格罗特，银币还是不可多得。所以我想，撇开我们的硬币不谈，我们还会有同样多的丝绸、酒类或石油从国外运来，用我们的羊毛换取，就像在硬币变更以前我们可以用硬币买到的那样。

商人。我保证在这方面为你们效劳。

爵士。当我们出售商品时索取的价钱同我们购买外国人的商品时付出的价钱一样高的时候，我们的这种买卖有什么损失呢？

博士。我认为，对一种人来说我估计没有损失；对其他一些人来说，收益超过损失；然而对另外一些人而言则损失较大，只会于别人有利；况且那种买卖一般将使国家陷于贫穷，并极度削弱国王陛下的力量。

爵士。请你告诉我，你指的这几种人是干什么的；首先是你认为并不因此遭受损失的人。

博士。我指的是所有那些做买卖谋生的人；他们既然高价买进，此后也就高价卖出了。

爵士。你所说的可以借此得到好处的第二种人是什么样的人呢？

博士。噢，所有这种人都有收入，或者有一批由他们自己操持的、按旧日租金数额缴租的田地；一方面他们付的租金同从前一样;另一方面他们在出售产品的时候却按其他人订定的新租金数额计算成本;那就是说,他们为自己占用的土地所付的租金很低,而出售所生产的物品时索取的代价却比较高。

爵士。你所说的那些因此蒙受较大损失而使其他人获利的是什么样的人呢?

博士。是所有那些贵族和乡绅,以及其他一切依靠有限的地租或俸给生活,或者并不耕耘土地,或者并不从事买卖的人。

爵士。请你像刚才那样仔细地逐一和分别考察那几种人吧。

博士。我当然愿意。首先,贵族和乡绅大都依靠土地每年提供的收益和国主给他们的薪水生活。你知道,目前那些靠这类收入和薪水一年可以支出300镑的人在生活上已经不如以往他们的父辈或其他任何先辈一年仅花费200镑时来得舒服了。由此你可以看出,一个人的生活所需突然削减三分之一,肯定是要使他愁肠百结了。所以,乡绅们殚精竭虑,力求增加他们的土地,提高他们的租金,于是他们就把农田收归自己掌握,像你现在看到的那样;他们还力求像他们的父辈那样从容自若,不露声色,但事与愿违。其他一些人,由于看到家庭开支浩繁而又无储蓄可资弥补,便放弃他们的住所,卜居伦敦,或在宫廷进行活动;他们在那里消磨时日,其中有些人带有一两个仆役,而从前在他们的宅邸里却每天有30或60名仆从,他们那时在家乡广施善举,在乡邻中间维持良好的治安和秩序。另一种是所有的男佣人和当兵的,他们只领到旧日规定的微薄工资和月饷,如果不铤而走险,从事抢劫或掠夺,就无法像从前那样生活。你知道,如今每天挣得的6便士还抵不上以前的4便士;所以你可以发现人们不如往常那样愿意为国王效劳

了;再说,以前王室的随从一年拿到60先令觉得很宽裕,每星期领到膳费津贴20便士就足够吃喝,目前哪怕增加1倍还不够开支呢。

爵士。他们在衣着方面也像在伙食方面一样,有长期超支的现象;因为眼下仆役的服装比以前昂贵,从外表上看甚至比他们主人从前穿的衣服还要考究。

博士。毫无疑问,这是家庭增加开支的一大原因;因为我知道,从前一个仆役夏天穿一件绿色粗呢大衣,冬天穿一件起绒粗呢上衣,配以一条称身的纯白紧身裤,每星期夫吃一份牛肉或其他某种份菜,就感到心满意足了。现在他夏天指望至少有一件能够用钱买到的最细致的衣料制成的上衣,他的短裤是用最精致的呢料经过佛兰德人或法国人染色以后裁制的,一位亲王或大领主如果用这种料子做衣服,也不会显得更漂亮些;接着他们的上衣还要镶上饰边、裁剪和缝制;他们的短裤还要抽花刺绣,其做工远远超过衣料的价格;这种事情从其实际的趋势来看,是由他们的主人加以鼓励而不是加以限制的,因为这家主人同那家主人竞相争胜,供他们的扈从大量浪费,或者在一段装点门面的期间任其过着放荡的生活,以炫耀乡里;另一方面,由于这种挥霍无度,他们在一年的其余时间里不得不遣散一大部分仆人。这样,在一段时期里他们食不厌精,而在全年的其余时日,他们根本不招待客人,或者即使招待,规模也很小。从前在罗马帝国即将衰颓之际,罗马人在饮食和衣着方面也有类似的漫无节制的情形,所以后世的贤哲认为那是帝国衰亡的原因。为此，当时的加图[1]和其他一些贤明的元老院议员就想推动那个立法机构制定几条法律，以限制这样的过分行为；关于这一点，一些持相反意见的人态度极端傲慢，他们并不经常执行那些法律，结果是一部分人气焰嚣张，从而造成了国民中间的分裂，而分裂又使国家变得一片荒凉。我祈祷上帝，企求我国特别是英帝国的首都伦敦对那事例保持警惕，防止像田间谷物藏入粮仓那样积累起来的全国财富大部分浪掷在这种过度的靡费上面；一般说来，在我国的其他一些部分，命运的法则使人们身心舒坦，其愉快的状况超过从华衣美食得来的幸福。我认为，如果我们的乡绅过着朴素的生活，我们的仆人服饰简单，他们的衣服既不精裁细缝，也不缀以边饰，他们佩带重剑和圆盾而不是作为装饰的轻剑，那么，我们的敌人就会敬畏他们，甚或在他们面前战栗不已。当他们跨上马背时，他们手执锐利的长矛而不是现在所携带的白色棍棒，他们如今的神气更像小姐或贵妇人，而不像男子汉；所有这些神气使我们的男子柔弱不堪，没有什么力量。

爵士。我们说不定要感谢我们国内的长期和平与安定的环境，因为人们不必被迫驰骋疆场了；无论在国内还是国外，当人们像你所说的那样奋骑奔驰时，那就是个多事的世界了。

博士。你能告诉我，这样的世界什么时候可能出现吗？先贤说过，人们在承平时期必须留神，务必为战争作好准备，而在战争时期又要为和平预作准备；如果人们有把握经常安享太平，那就谁也不需要雇用士兵了；但由于实际的情况并非如此，人们的罪恶十

---

① 马库斯·加图(公元前 95—46 年)，罗马政治家和斯多葛派哲学家。——译者

分严重，他们就不能长期不发生战争了，因此我们认为英国主要的力量在于男仆以及皇室和贵族的卫士；在承平时期，用这样的服装、伙食以及他们在战争时期必须经受住的艰苦生活训练他们，是明智的措施。当他们遇到战争的时候，同样的艰苦生活对他们来说就不会是陌生的了；他们的身体将比以前强壮，可以忍受那样的环境，因为他们早就习惯于那种生活了。如果娇气和脆弱不是导致以往一些最大帝国被征服的确切原因，我说的这番话就难以令人置信了。

爵士。你的话当然讲得挺好，听起来很有道理；我必须承认我自己已经认为那是正确的了；承平时期我们在使用士兵方面迁就太多，等到发生战争，他们穿上厚实的盔甲就无法忍受，但不管是男子穿的衬衫也好，亚麻布破布做成的上衣也好，在一颗子弹飞来的时候，就可能置我们于不顾了。还有，对于我们的高楼大厦，你该说些什么呢？我们近来在英格兰听到的关于这方面的议论，远比迄今为止的任何时候为多。难道那些建筑没有使我国的财政发生困难，使人们感到普通的住房紧张吗？

博士。我说，所有那些建筑都是太平盛世的象征和装饰品，无疑也是家庭户数减少的根源，因为建造和修饰那些房屋花掉了本来可以用来修建住房的款项。但这并没有使国家陷于贫困的境地；因为所有建筑费用的大部分是在我们中间、在我们的乡邻和同胞中间花掉的；比如花费在木匠、泥瓦匠和一般工人的中间；除非不能算上精工装饰或油漆彩绘这些房屋的人们，因为那种工作可能耗资颇巨而并不实用。还有屋棱、室内装饰用的蛇纹石和挂毯之类，通常可以在佛兰德和其他外国买到，这些东西换走了我们的很多财宝。

爵士。先生，不过我还要提醒你再注意一件事情，这件事情人们确实认为是在国外挥霍钱财的一大原因；那就是，由于许多修道院、救济院和小教堂的解体，有很大一批土地落到了国王的手里；人们认为这是从两方面使我国财富减少的原因。一方面是，上述那些地方的收入以前在国内消费，在人与人之间流通，以购买食物、衣服和其他东西，但在那些机构解散以后，他们的收入如今已经通过一种渠道流往国外；另一方面是，很多富户拿出他们的钱财去买进几块离他们较近的业已解散的机构的土地；这样，不管是通过哪种渠道，整个国家的财富被一扫而空。

博士。这倒也是实在的；那种现象使国家到处暂时出现萧条的局面，如果国王陛下不把各地的上述土地重新在全国分配，那种现象还会继续存在下去；可是，既然国王一部分通过赠与和一部分通过出售已经舍弃了大批那样的产业，各地的财富必将在短时期内像从前那样再次增加，如果不用其他的办法把那批土地出租的话。所以我并不把它看作我们目前这种物价上涨的很大原因，因为土地没有被夺去，土地的所有权只是从一类人的手里转到另一类人的手里罢了。

爵士。那就接着谈谈我们刚才搁下的货币问题吧；我已经听到了你的想法，认为其中的变化对某些从事买卖的人并无损害；它还对其他一些人有利，例如按旧日数额缴纳租金的佃户；还有一些人，如乡绅、军人、男仆以及其他所有靠额定的微薄地租或薪给生活的人，则要蒙受较大的损失。我听你说过，虽然国王陛下所受的损失十分重大，但不仅是皇室的产业，而且随着时间的推移还有全国的经济，都会深受其害；我不知道怎么会发生这样的情况，因为我听到一些贤达的人士谈起，国王的父亲靠了货币的改变，确实获得了多得无法估算的钱财呢。

博士。当年有一段时期是那样的情况；但我把那种进账比作有些人的收益，当他们卖掉自己的土地时暂时有了较多的金额，而此后却看不到由此产生的继续增长。你知道，我国所有的财富一定是几年一次通过某种途径流入国王陛下的手中，再从他的手里流出来归他的臣民所有；正如众流注入大海一样，财富重又广泛流散。再说，由于货币近来以可靠金属的形式流进，它们也像你所见到的那样仍然以可靠金属的形式流出。虽然乍看起来这种情况似乎只是使臣民贫穷，从长远看来却恐怕会使国王陛下捉襟见肘；因此，如果国王想在战争时期拥有异常充足的钱财去购买战争所需但根本无法使其臣民置备的盔甲、武器、船上的装备、大炮和其他火炮，那么，国王和他的国家会处于怎样的境地呢？当然处境险恶。所以这些硬币和财宝被一些有识之士称为战争的元气、即军事力量，不是没有道理的。我认为，对国王和他的国家来说，由于缺乏财富，势必遇到莫大的危险；这是因为，虽然国王陛下可以使任何种类的货币在国内流通，他却不能强迫外国人接受它们。我承认，如果人们能够完全生活在他们自己的范围之内，不必对外借用任何东西，那么，我们想设计什么样的硬币就可设计什么样的硬币；但是，既然我们必须有赖于别人，别人有赖于我们，我们在制作自己的产品时就不能闭门造车，而是要参照全世界一般的市场情况来进行设计；我们也不能随心所欲地规定物品的价格，而是要参照全世界普通市场的价格。我承认，在此之前黄铜已被铸成硬币，

某些地方还有用皮革制成货币的;但我从书上读到,那是迫于需要而不得不采取的办法,不应当作榜样加以仿效,而是应当尽可能避免才好。我又听说,就在最近还从法国和佛兰德运出这样的硬币;但它并不排斥其他一切优质的硬币,而是同所有的硬币一起流通,其数量十分充裕,无论怎么使用也不会感到匮乏;我对于它们的使用方法、即两种硬币是如何使用的,没有切身的体会,所以我认为明智的办法是切实地向他们学习,以便随时随地像他们那样知道它们应当按什么比值在市面上流通;这样,他们就决不会希望按照超过他们估计的价值来换取我们的任何硬币,我们也不会按照高于估计的价值去换取他们的硬币。由此我们能够长期保留我们的财富。至于说到恢复旧日已经丧失的财富,我们不妨作出安排,限制向他们输出某些商品,除非他们以金银或者按照那些普遍流通的硬币的三分之一或一半的币值作为交换;我们主要可以用两种办法恢复我们的财富;首先,我们可以禁止输入我以前讲到的从海外运来的那么许多没有什么价值的东西,并规定只准出售我们自己的商品,不得销售舶来品;其次,我们不能不管未经加工的商品,因为如果把那些商品及时地就地加工后卖到国外去,它们就会在短时期内带来无数的财富了。

爵士。啊哟,你的意见可就同社会上许多伟大贤达的见解背道而驰了;他们认为最好把我们所有的羊毛未经加工就统统卖到海外去,而不让任何服装商在国内进行加工。

博士。据我看来,那是一件怪事,谁都会这样想的;请问,应当采取什么措施才会促使他们改变主张呢?

爵士。我要告诉你;他们以为所有这些风潮是由所有这些服装商引起的;因为当我们的服装商在海外没有出路的时候,他们就大批失业,没有事干了;当他们没有事干的时候,他们便三五成群地聚在一起,因生活无着而口出怨言,并用某种方式寻衅闹事,以挑拨许多像他们那样无事可干的平民起来骚扰;有时由于战争的缘故,服装行业必然受到影响,所以他们并不总能找到销路;每逢这个时候,如果上述的服装商遇到动乱,他们就会认为自己最好还是都离开本国,于是羊毛未经加工便运往海外,而不是在这里加工了。

博士。所以可能在他们看来,应当考虑的是便利与否的问题而不是其他。不消说,无论是谁,只要有少数几个人受他支配,他定然会相安无事地管理他们;但如果他家里人口众多,他在统治他们的过程中有时就会碰到困难。然而,一国之君想要减少他的臣民的人数或者一家之主想要遣散他的许多仆人,因为他不愿多费心力去管理他们,那可是一种不高明的方法。凡是企图这样做的人,同一个不愿花费精力去照顾他的土地的人没有什么两样。我认为事关重大的是,我们不仅确实提高了制造服装的技艺,而且目的在于振兴其他各种技艺和职业,人们依靠这些就会有活可干而不是丧失就业的机会;特别是像服装业,因为它安排好几千人参加生产劳动,并使城市和国家富裕起来。我听说,在威尼斯以及在海外的其他地方,凡是从事服装业的,只要引进新的技术或诀窍,都受到奖励和爱护,因为这种办法不但可以使工人充分就业,而且可以给国家提供财富或商品。与此相反,难道我们要努力摧残我们的服装业这一最有利可图的、最好的行业吗?我想知道,如果我们抛弃服装业,什么行业会从海外和异邦给我们带来财富,或者哪里会有这么许多人从事一项工种，像他们依靠裁缝服装来谋生那样。

爵士。嗨，我们当然可以用我们的羊毛向国外去换取很多的财富啰，虽然我们的羊毛都不在国内加工。至于说到使缝工有活可干的服装业，不妨让那些工人去从事耕耘和农艺；应当使更多的人参加农业，使较少的人参加畜牧业，到那个时候，目前以裁缝为业的人都将投身于农业了。

博士。关于你所讲的第一点，即羊毛足以引进财富的问题。如果是这样（其实不然），那种功绩对全体公民和王国的持续发展来说却并没有什么好处；因为那时每个人都会开始养羊，增加羊毛的产量；结果是各行各业都被打入冷宫，只有饲养业单独兴旺。这样你就知道，一些牧羊业者将为整个郡服务；随着时间的推移，国王的大多数臣民将日趋衰颓，只留下为数不多的牧羊业者和羊倌，其人数根本不够为国王效劳以满足他的需要，也不足以保卫他的国土，抗拒敌人的入侵。关于你所说的另一部分，你主张这些服装商应当脱离那个行业，转到农业方面去；可是，如今的庄稼人依靠农业得来的生活所需严重不足，要在已经从事农业的人之外再增加那么多的庄稼人，他们怎能靠此维持生活呢？如果你要对我说，他们可以随意将谷物运往海外销售，那么，由于他们脱离了服装业，就会出现你以前想要避免的那种不便；若干年内，不论是由于战争还是由于海外各地物产的充裕，他们的谷物将无法输出，从而被迫赋闲在家；于是他们由于生活无着，便聚集起来，造成你刚才所说的那种骚乱。在法国，他们从事手工业的人数比我们这里多，数量十分可观的技工也比我们多得多；正由于这些，他们在此以前制造了许多大规模的骚动和混乱，但他们不愿摧残技工，因为他们

了解其中所有最杰出的匠师，如果没有这些技工，他们就无法维持自己的产业。难道所有这些过境税、关税、营业税、地租和给国王的特别津贴，不是主要靠那些技工才逐渐形成的吗？哪一位国王能够单靠他每年从土地得来的收入维持他的产业呢？正如一个家庭里的许多仆人经过妥善安排工作每天多少为他们的主人挣得收益那样，一个国家的每个工匠每年也能为国王挣得一定数量的收益，合并起来就是一笔巨额财富。

爵士。噢，你已听到许多比我聪明的人发表的意见了。

博士。我看出我国有许多伟大的人抱有那种见解；否则他们就不会怀疑对织物征收关税是否妥当，也不会主张对国内制造的一切织物按每磅收费 12 便士的税率为国王筹措特别津贴了；那是使服装商放弃其职业的主要方法，我担心它已经实行了；它引起去年夏季你在这里看到的诸多不便，并且很可能是产生更多不便的原因，如果他们坚持那种意见的话。如今，由于我们同技工有了交往，我想对他们作一番分析。其中有些人只是把钱财运出国外；其他一些人确实有所收获，但他们又在国内支出；第三种技工倒是确实给国家带来财富。属于第一类的，我指的是一切纺织品商人、杂货商、酒商、缝纫用品商、妇女头饰商等销售舶来品的商人，他们确实把我们的钱财送到国外去了。我认为还是不错的那一类技工在一个国家里并不十分需要，但他们可能比其他所有的技工更值得宽容；然而，如果我们没有其他技工生产出像他们所生产的那么多的财富，我们就会遭受很大的损失了。属于第二类的是这样一些人：鞋匠、裁缝、木匠、石匠、砖瓦匠、屠夫、酿啤酒商、面包师傅以及各种食物供应者，他们在国内谋生，也在国内消费；但他们没有给

我们挣得财富。所以，我们必须爱护第三种人；这些人是服装商、制革工人、制帽商和毛线纺织工，我只是凭他们精通的技艺和本领，知道他们确实给我们带来了财富。至于我们的羊毛、兽皮、锡、铅、小麦和其他谷物、黄油和乳酪，这些都是土地产生的商品，需要许多人施加经常的劳动；如果我们只依赖这样一些人，不想别的办法使我们自己从事某种工作，那么，有些人就会以饲养牛羊和培植作物为我们服务，我也找不到几种可以让我从事的行业；这样国家就会变得像个农庄，里面牲畜的数目远远超过人数；其结果是国家就可能遭受周围其他国家的掠夺；这是更加可怕而应当加以避免的，因为他和自己的同胞所在的国家倾向于为了繁殖牲口而不是为了人们的营养生产上述那些东西的；如果波姆波尼厄斯的诗歌是可信的话，它在描写这个岛的时候是这样说的：它平坦、辽阔和物产丰富，但那些物产在养育牲畜方面比养育人类更加充满柔情。所以许多森林、狩猎地、公共游憩地、沼泽和荒地在这里一般比在其他地方更加清楚地表明，他们正像他所断言的那样，决不是没有多大用处的；因为这个岛没有那么多的可耕地、葡萄树、橄榄树、各种水果以及人类饮食所最必需的东西。他们在培植的过程中需要许多人手，同时也像在法国、西班牙和其他各国一样，供应大多数人的食品。所以，凡是适合生产那些东西的土地将尽可能地变更原有的用途，以供应大多数人。关于这一点，城镇和城市应当得到各种技工的补充；不仅是仍属我们惯常行业的服装商，还要补充制帽商、制手套商、造纸工、玻璃装配工、针绣工、金首饰商、各种铁匠、床罩制造商、缝针制造商、扣针制造商等；这样，我们不仅会有这类物品的充分货源供应我们本国，避免至今大量流往国外的无

数财宝的损失，而且可以抽出一部分这类的制成品销往国外，使我们得以运回其他的必需商品和财富。光是这样一些行业不会使若干国家富裕起来，如果它们本身是土地贫瘠的话；佛兰德和德意志的情况清楚地表明，它们是惯常给本国带来什么样的财富的；在那里，通过这类行业，它们拥有很多富裕的城市，这从它们土地不丰的条件来说是令人难以置信的。因此，我认为我们很值得正确地加以考虑，从而探究我国的服装业有时稍有生意、有时因缺乏销路而发生混乱，以致陷于停顿或凋敝的原因。人们采用的每一项办法并不总是非常方便或必要的，有时由于处理不善会使人生气；不，不会像火和水那样比其他东西更加必不可少。

爵士。是的，博士先生，我们同你所谈到的法国或佛兰德的情况不一样；如果他们在某一方面没有出路，他们总是会在另一方面找到出路的，因为他们庄园的周围都是产量稳定的土地；如果他们同一个邻国发生战争，他们将同另一些国家友好相处，以便把他们的商品运往那些国家去销售。

博士。所以，如果我们保持头脑清醒，经常结交一位或几位朋友，我们也许能做到那一点。要是一个人没有权势，他会愚蠢透顶，断然拒绝那样做吗？不妨请有识之士考虑一下，我国在以往时代已经有了什么样的朋友；如果我们失去了他们，或者从那以后没有另想办法，那就让我们结识新的朋友来取而代之吧，否则就不容许我们同邻邦发生任何倾轧。我记得《旧约·传道书》中那位智者说：孤独存在的人是没有幸福的。

爵士。在法国，他们还在全国的一些地方设有若干小队的武装人员以迅速的行动镇压骚乱，如果有这类事情发生的话；如果我们照此办理，我们就可放开手脚吸收同他们一样多的技工了。

庄稼人。但愿没有任何这样的恶霸来到我们中间；据他们说，这样的人在法国常常拿了穷人的母鸡、小鸡、猪和其他食品，分文不付；除非发生了不幸的变故，比如他的老婆或女儿为此受到了糟蹋。

商人。啊，我认为那种手段只会引起骚乱而不会扑灭骚乱，因为像他所说的，英国人的性情忍受不了我所知道的法国国民经常遭受的那种伤害和耻辱，而在指责法国人的时候，我们往往称之为乡巴佬。

爵士。噢，但是我们的主公国王可能会花很大力气严厉地管束他们，不让他们蛮横逞凶的。

博士。要是他没有力量这样做，该怎么办呢？罗马人有时在各个地方也有这样的武装人员，据认为是为了保卫罗马帝国，但最后还是把它推翻了。朱利叶斯·恺撒表明过同样的态度；此后多次，当皇帝驾崩时，军人便拥立他们所中意的皇帝；有时违反元老院的选举原则，一个奴隶成为帝国的首席参议官，直到整个帝国被颠覆为止。法国雇用那么多的军人，并非为了防备国民的骚乱，而是根据国家的地位和需要，因为它四周都是敌对的国家，中间没有大海或城垣相隔；他们必须保持这些军人，以防邻国的伤害和入侵。如果他们为了避免邻邦的猜疑而敢于放弃军队，那他们是会乐意这样做的。一些有识之士已经在口头上和文章中指出，同样那些军人可能最终葬送他们的王国。此外，一个国家如果幅员辽阔而与其他国家接壤，也并不需要那些军人。再说我国的总收入不敷维持与法国同等数目的武装人员；如果我们配置较少的人数，我们就会显露出我们自己的实力不如法国,而到目前为止,仅仅依靠我们国民的坚定和勇敢,我们已被认为比法国人更有成就。所以,我不愿以较大的不幸来消除小小的恨事;人们中间的骚乱是难得发生的,也是很快就可以扑灭的,因此我也不希望为了避免骚乱而使国主及其臣民不断地承受压力和负担。

爵士。你讲得很好,所以我说不出更多的话来反对你的意见了;但我还希望你的言论能够满足别人的需要,就像满足我的需要一样。

博士。好啦,现在该是结束的时候了;我在这里作了一次沉闷的长谈,真是打扰你了。

爵士。要是你以后比这次“打扰”得更长一些,我是会感到满足的。

商人和制帽商。我们也能感到满足,即使谈话只限于今天;要不是麻烦你自己,好心的博士先生,我们哪能心满意足呢。

爵士。但是,我们所讨论的最重要的问题还在后头。那就是,这些弊病怎样可以得到纠正;所以,在你就此问题提出意见以前,我们是不愿同你分手的。

博士。当然,我愿意向你们说一说我关于那一方面的一些想法,不过让我们先去共进晚餐吧,因为我们的主人已经为我们准备停当了。

第三次对话

在晚餐桌上很好地恢复了我们的精力以后，我思索了好久，才弄清楚博士先生关于补救上述那些事情的看法，即他认为怎样才能很好地加以纠正而不致产生多大的危险或变动；所以我对他这样说：既然你已经向我们说明（好心的博士先生）我们的那些弊病及其根源之所在，我们请你不要让我们对于纠正那些弊病的适当办法一窍不通；你已经使我们充分相信你的见解，并且我们自己也对此有所觉察，感到我们如今的状况不如以往那样有利；你已经向我们指出一些促使我们碰到那种问题的原因；所以我现在请你给我们指点怎样才能补救我们的这些不幸的事儿。

博士。当一个人确实看出他的不幸，并看出其中的原因时，他就很可以有纠正的办法了；因为一个人知道了产生不幸的原因之后，他就可以立即避免重蹈覆辙，根由避免了，忧患也就随之消失；正如那位哲学家所说的：祛因可避其果。可是，我们不妨把它们一一简单地列举出来，然后说明其所由产生的原因，再进而探究纠正的办法。首先，这种普遍的、全面的物价上涨现象，是所有的人对之颇有怨言的最主要的不幸事件。其次是我国财富的耗竭。第三是圈地和把可耕地变为牧场的行径。第四是城镇、教区和乡村的凋敝。最后，人们对宗教的意见分歧和差异。关于这些事情的根源，我已按照人们不同的思想倾向和意见作了种种说明，但在这里我要仅就我认为很有可能确实是有根有据的原因作些分析。这是因为，正如我以前向你们指出的那样，各种不同的人意见不一地认为这一点或那一点是某种不幸事件的远因或近因；由于一件事情可能有几个不同的原因，但又只有一个主要的原因，那就要把这些原因统统提出来考虑一番。让我们找出那个主因，略去所有不重要的原因吧，因为它们是由第一个最早的原因推导出来的；例如在一次强迫征兵中，人们排成直线，最前面的一个人被紧接在他后面的一个人推向前进，第二个又被紧跟在后面的人所推动，第三个人则迫于某种猛烈的、强劲的力量向前移步；那股力量是使前面的人走向前去的主要的基本原因；如果他被留在后面并停顿下来，所有走在前面的人都会止步不前。把这道理给你们说得更明白一些；比如一座钟里有许多齿轮，然而，正是被拨动的第一个齿轮推动第二个齿轮，然后第三个，直至推动那起到敲钟作用的最后一个机件为止。建造一所房子的情况也是如此，有督促造房的老板，有木匠，有用以搭盖房屋的材料。在工人搬动材料以前，材料是决不会自行移动的。工人要等雇主用丰厚的工资激发他们，才肯埋头苦干；所以雇主是这种建房过程的主要推动因素。监工的这种推动因素被称为动因，因为主要是这种力量使工程得以开始进行；如果你说服这个人撒手不管，房屋就永远也不会建成；然而，要是没有材料和工人，房屋也是建不成的；所以有些人称之为模糊不清的动因，其他一些人称之为物资和表面上的动因；但一切都归结到一种目标；那就是有效的动因和主要的动因，如果不消除某一弊病的动因，你就无法加以纠正。每个人都有这样的看法，即认为任何事情的动因被消除时，其后果也随之消逝，所以人们不加判断地看待他们所谈到的这些事情的动因，不是把主要的动因同次要的动因区别开来，而是笼统地把它们撇开，仿佛认为它们都是次要的动因，这样他们就永远也达不到他们所探索的补救办法了。这很像埃阿克斯的妻子，她的丈夫在一艘叫做“阿戈斯号”的船上葬身海底，因此她希望人们不再在佩利乌斯的森林里砍伐冷杉横梁，因为据说那艘船是用冷杉建造的；事实上，那并不是她丈夫丧身的真正原因，而是敌船把难以扑灭的燃烧剂扔进上述的船只，使它着火沉没的结果。有一些原因叫做远因，因为它们距离较远；没有其他因素触动它们产生影响，所以它们自身不发挥作用，也是不发生效力的。到目前为止，我讲的话离题太远，因此我也许会被认为同样远离了我的目标，那就让我重新拣起我们原来的话题，把我已经讲的一番话应用于这个话题吧。有些人认为这种物价高昂的现象由佃户开始，他们在出售产品时索价很高；另外一些人认为是由于地主把土地的价格抬得太高；有些人归咎于圈地；还有一些人说是由于提高了我们的币值和改变了币制。因此有些人认为排除了其中的一项因素（照他们看来，这是物价高昂的主要原因），就可纠正这种弊病；但经过考验的事实证明，他们没有触及真正的或主要的原因，所以他们的对策难以实现。如果他们实现了他们的计划，问题就能得到纠正；因为主因的正常现象是，一旦它被排除，其果亦即随之消失。然而我承认，所有这些事情是同这种物价高昂的现象一起发生的，其中每一项似乎都是物价高昂现象的根源。可是，现在并没有充分的证据足以证明它们是那种现象的起因；正如在多佛建造的教堂尖塔并非多佛港口衰微的根源一样，因为该港的凋

敝是与尖塔开始兴建的时候一起出现的。虽然这些事情中的某件事情是另一件事情的根源,但事实上它们都还不是这种物价高昂现象的真正根源。然而,我以前讲到,一些人在人群中互相推挤,一个人推动另一个人,但首先只有一个人是那股力量的主要来源;就我们谈起的这个问题来说,情况也是如此,即其中某件事情是这些根源中的原始根源,但它看起来却似乎处于次要的地位,并使其他的事情显得仿佛是互为因果似的。我认为,农民手中一切主要产品的涨价是其承租土地的租金上涨的原因;乡绅们急不可待地开始把田地掌握在他们自己的手里,否则他们就不得不以高价购买食物,这一点又是圈地增多的一大根源。乡绅们虽然自己掌握了大量土地,却无法全部使用,做到精耕细作(这需要许多人投入有组织的劳动、努力和管理工作),于是就把大部分土地变为牧场;这方面并不需要花费多大的人力,但能提供较多的纯利。于是,一件事情有赖于另一件事情,并互相促进;但首先有一件事情是这整个推动力和循环运动的主要源泉。我刚才指出,主要的原因不在于农民,也不在于乡绅。让我们来看看原因是否在商人方面。由于向商人购买的一切货物现在比过去贵得多,农民似乎就不得不以较高的价格出卖他们的商品。如今既然问题已经向你提出,商人先生,你能设法回避,说物价高涨的根源不在你身上吗?

商人。先生,很容易做到;虽然我们现在按照比以往较高的价格出售一切物品,我们却也同样出较高的代价去买进外国人的一切商品。所以还是让我们从他们那里提出问题吧,这样我们就可以推卸我们自己在这方面的责任了。

博士。他们可听不到我们提出的问题来作出答复;如果他们听得到，我倒要问他们为什么他们现在出售的商品的价格高于往常。

商人。噢，关于这个问题，当人们在此之前向他们问起时，我听到他们以两种方式作出了回答。一种方式是说，他们现在的售价并不高于以往；为了证明这一点，说他们总是像往常一样以不多不少的商品来换取我们的商品；例如，为了换取我们一定数量的羊毛，他们总是按照以前的办法给予我们一定数量的葡萄酒、香料或丝绸；而且，为了获得我们的白银或黄金，他们拿出与以往同等数量的织物作为交换。他们另一种回答是说，如果我们因为他们要求我们付出的硬币比以往为多，便认定他们的商品卖贵了，那么，他们说，过失只是在于我们，因为我们造的硬币分量比以前小了，或者说它的价值比以前低了；所以他们要求我们拿出较多的硬币去换取他们的货物，并且说，他们不计较我们把自己的硬币称作什么，只是愿意按照全世界各地对我们硬币的评价来考虑它的分量和真正的价值。

爵士。那么，我是会这样来回答他们的问题的。如果他们到这里来仅仅为了换取我们的商品，那么只要他们可以得到同过去一样多的东西，我们的硬币是什么成色或什么价值对他们来说又有多大关系呢？如果他们来到这里，又是为了获取我们的白银和黄金，那么他们从我们这里谋得任何金银的勾当既为法律所不容，又是不妥当的。所以我认为那并不是他们以高出往常的价格出售他们商品的理由。

博士。他们还可以回答说，像这样的巧合并非总能遇到，即他们所拥有的货物就是我们正在物色的，而我们又拥有他们正在觅取的一切商品。也许，他们手头为我们所必需的商品比我们手头为他们所觅取的商品来得多，因此他们将乐于从我们手里接受多数地区流通的货币，以便随意在别处购买他们所需要的商品；并且他们还会说，那一类流通的货币不包括我们的硬币。至于我们的不得将任何黄金或白银运往国外的法令，他们可并没有实行，所以他们可以照旧运送，而且他们运送的办法很多，这一点我以前已经提到过了。最后，他们可以说，事实上我们自己并没有把我们的硬币铸成以次充好的模样，而是重视其所用材料的价值和成色；如果他们给我们带来半盎司的白银，我们决不会把它当作1盎司；如果他们给我们带来混有白银的黄铜，我们决不会把它当作纯银看待；如果我们不愿优劣不分地看待他们手中的金属，为什么他们要对我们的金属另眼相看呢？于是，他们看到这里谁也不愿要1罐白银而不要1罐黄铜；不，我们造币厂的老板们也不会另有好恶，虽然他们在另一种场合会劝人们相信二者不分轩轾。所以，既然看到我们事实上重视一种而不重视另一种，正像全世界的人都如此看待一样，那么，为什么他们不应该根据所用材料的成色和价值，既参照我们中间估计的等级，又参照其他任何地方估计的等级来评定我们的硬币呢？这样，由于数量较多的硬币所包含的价值与以前数量较少的硬币所包含的价值相等，他们在像往常那样出售自己的商品时自然就要求得到数量较多但实际上价值并无差别的硬币了。现在让我们来看看物价上涨的问题是不是由外国人引起的。我认为他们已经合情合理地为自己作了辩解，不承认自己有什么过错了。

爵士。按照你的说法，根源一定在于硬币，因而也在于国王陛下，因为改变硬币性质的措施是遵照他的命令搞出来的。

博士。可是，也许问题还可以进一步探讨一下；不错，那件事情是首席参议官提出来的，他借口这样做会给国王获致大量著名的商品；如果国王当时看出这不但对他本人而且对他的整个王国都是利小而遗患无穷，他就可能会及早收回成命了。一个人要是想用一种他认为有效的药物去医治另一个人的疾病，虽然结果证明并不见效，也是不应该多加责备的；也不能说国王陛下并不贤明，因为那时计划尚未实施；也不能责怪国王的父亲，说他不该预料这种措施不会带来损失而会给他自己和他的臣民带来商品，虽然结果是事与愿违。

爵士。那么你显然以为硬币的这种改变是物价普遍高昂的最主要、最重要的原因啰？

博士。而且，毫无疑问，就我们已经谈到的上述许多灾难来说，硬币的改变是一切灾难的最根本的原因。除了这件事情的根由本身十分明显而外，经验和证据也使人对它看得更加清楚；因为这种物价上涨的现象甚至是在改变硬币之后才开始发生的；新币一出现，各种物价随之上涨。这是确实的，目前残存的为数不多的旧币可以作证；因为你们在对内或对外贸易中想用与旧币数量相同的新币买进任何同样多的货物，所以，当新币的分量减少时，就有越来越多的人沸沸扬扬地传说这件事情。由于物价的这种上涨并非在所有的人手里形成统一步调，有些人便因此蒙受重大损失。另外一些人就有巨大的收获，这更使人们对硬币的改变怨声载道。总之，我认为硬币的改变是外国人开始以高价向我们出售商品的最根本的原因；它又使所有培植任何农作物的农民和佃户也同样高价出卖他们的商品；由此而产生的物价上涨的情况使乡绅们提高他们的地租，并把农田掌握在他们自己的手里以争取改善供应的条件，结果就把更多的土地圈了起来。

爵士。对于所有这些事情，该用什么办法来补救呢？

博士。现在你自己就会看出办法来了，要是正如我的看法，硬币的改变是其真实的原因的话；我知道，任何差错是没有办法改正的，除非通过另一位头脑清醒的议长或依靠学问来处理这个问题。如果我们采取第一种方法，我们可以利用我们的国家（当它令人满意的时候）来物色一位议长，或者利用我们认为社会秩序良好的另一国家作为借镜来处理我们的问题。如果另一种方法、即靠学问来解决问题的方法更中我们的心意，我们就一定要找出这些结果的原因，而我们在理解了真正的主要原因之后，就可像我常说的那样，排除其随之要发生作用的后果。

爵士。我请你把你的计划明白地告诉我；你想排除的是哪些原因，这些事情怎样加以补救。

博士。即使遭到反对，我还是要说，如果你不喜欢我提出的方案，你就告诉我你对此有什么不同的想法，并可拒绝接受我的意见；如果你喜欢这个方案或其中的任何部分，那你就随意采用好了。我的意思是说，目前流通的一切硬币应当仿照现今已经不再流通但人们乐意接受的某个时期的钱币铸造，对其原料的核算也一模一样；从此以后，就只准那种旧币或按照其同样的价值、成色和名称铸造的新币在市上流通；这样，我们的硬币便完全恢复它旧日的等级和优良程度了。

爵士。我国的全部财富还无法在不久以后立刻做到这一点，除非是慢慢地逐步加以改进，今年做一点，明年再做一点。

博士。你这是什么意思？

爵士。我的意思是这样，今年每格罗特改进半便士，明年再改进半便士。

博士。你可千万别劝国王这样做，因为这一类办法已经加重了国王的负担，而问题并没有丝毫改善。

爵士。怎么会这样呢？

博士。噢，如果你说的是一种方法，我就要向你这样指出。如果国王决定对我们手头正在流通的这种硬币作一些修改，在今后铸造他的新币时在每一枚硬币中增加 1 便士或 1 欧布鲁斯这样一部分的价值，你就会承认，当那种硬币广泛地流通开来时，其价值将比我们眼下流通的硬币提高 1 便士或 1 欧布鲁斯。

爵士。是的，毫无疑问。

博士。那么另一种硬币不是也照样到处流通吗？

爵士。是的。

博士。既然这样，当金饰匠、商人和其他加工金属制品的技术人员看出一种格罗特优于另一种格罗特，但他们还要像接受较好的硬币一样接受较次的硬币时，难道他们不会总是把较好的格罗特贮存起来，改作别用，同时因为较次的格罗特仍然到处流通而把它用出去吗？是的，毫无疑问，甚至他们近来在对待新的金币时也是如此；因为他们感觉到，新的金币比那具有对应价值的新的银币质量高，于是，当金币刚离开造币厂时，他们就立刻把所有的金币挑选出来放在一边，留作别用；所以你手头掌握的硬币几乎依然如故，增值不了多少。这样，国王陛下就会在财富方面受到蒙骗，原来的意图完全成为泡影；这纯粹是因为两种硬币之间缺乏应有的比例，一种硬币的成色比另一种好。另外，我还要照原来的打算给你说明另一种办法；那就是，如果国王陛下突然收回目前在市面上流通的一切货币，发行一种质量较好的硬币，但并不像旧币那样纯正，那么，我认为国王的铸币工还是会欺骗他的；这是因为，当铸币工把几种金属混在一起，不能按正确的比例配合起来，而又没有决心要使每块硬币符合同一种硬币的标准时，他们就可以随心所欲地施展欺骗伎俩，利用那种不稳定性来牟取他们的私利了。如果他们在 1 盎司或 2 盎司里面做了手脚，那么他们可以说：我们熔入的黄金或白银是够多的了；要是这一部分不合标准，另一部分就会得到补充。所以他们决不会费精劳神去履行他们的职责，只有听任他们凭良心办事了；但据我看来，他们似乎会心安理得的。然而，这种办法不过是修修补补；结果是补了东墙，塌了西墙。

爵士。什么，国王会使格罗特减低成色，并使他的其他一切硬币步其后尘？

博士。到时候所有的问题都将归结为一个问题；我可以把 12 盎司黄铜和 1 盎司白银同等看待。任何君主都没有权力使 1 盎司白银与 2 盎司白银的价值相等，对于黄金和其他任何金属也是如此。我还可以把 1 枚半便士称作半便士，虽然 1 枚半便士名义上应当被称为 1 便士。是啊，一个人可以改变事物的名称，但你无论如何改变不了它们的价值，哪怕一时改变，也不能持久；除非我们是在想象中的乌托邦那样的国家，因为它同外界的任何国家没有往来。所以就这个问题来说，我很希望不但在质上而且在量上保持正确的、应有的比例，这是因为，如果你容许变更，不管是在质的方面还是在量的方面，你就必然会带来许许多多荒唐的事情；因为虽然君主可以铸造那些与以往的分量和名称截然不同的硬币，虽然它们的质量可以不那么纯正，但是，由于人们在结算生活费用、租金、薪金、债款和捐税时使用那些在此以前惯常使用的硬币，如英镑、马克、诺布尔、里亚尔和先令，并在一切文书上载明这些货币的名称，因此，你无法用别的名称来称呼其中的任何一种，除非你必须在每个人的收入、债务和捐税方面统统作大量的变动；通过改变硬币成色的办法，事情似乎办得很顺利；关于这一点，主要是国王陛下，其次是受他恩宠的我国的贵族和乡绅，可能会得到好处，如果他们把问题考虑得很充分的话。

爵士。据我自己看来，我觉得你的这番话很有道理，虽然我还不知道何以会出现那样的情况；纵然我现在可以花的钱比十二年前多，我可无法像从前那样管理家务呢。

博士。这是没有什么可奇怪的。我相信你记得我今天早晨跟你说的话，即说明亚里士多德著作中的硬币被称为一切物品的共同衡量标准那一句话。那么，假定你没有收到货币地租，佃户只是付给你某几种不可缺少的必需品，如多少蒲式耳的小麦和多少码的织物；码和蒲式耳的度量法同你当初出租土地时一样。如果蒲式耳和码这两种容积单位和计量单位减去一半，而你所得到的仍是以蒲式耳计算的小麦和以码计算的织物，其数目同以前一样，但是在那样度量以后，少收的小麦和织物还能供以前那么多人食用和穿着吗？

爵士。减少一半可不行；因为根据你的计算，我得用来维持一家人生活的物资就要少收很多啦。然而，照你的说法，硬币是个共同的衡量标准，那么它也会像其他衡量标准一样削减很多吗？

博士。这不但是我说的话，而且出诸于自古以来头脑最为敏锐的哲学家亚里士多德之口，就像我以前所说的那样。

爵士。啊哟，如果那是真的，国王本人就损失最大，其次是他在必要时的主要力量支柱，即贵族和乡绅，再就是其他所有按照这种衡量标准获得收入的人，因为根据旧日的约定，他们只能获得某种数量的英镑、马克或先令。并且我看出，那些按照这种新的衡量标准但仍按照旧的数目付款的人一定得益不小。

博士。我看出你自己确实体会到这个问题了？

爵士。是的，毫无疑问，情况一定如此。但我还必须向你请教另一件事情：在法国和佛兰德，铜币、混合币、纯银币、纯金币在市面上一起流通，他们是怎么搞的呢？

博士。我向你保证，他们采取的办法是使每一种金属对另一种金属保持应有的比例，如黄铜对白银为 100 对 1，白银对黄金为 12 对 1。就白银对黄金来说，我认为任何君主都不能凭权力改变它们的比例；因为，如果可以这样做的话，在此之前两千年期间的某一位贫困的君主早就会这样做了；从另一位哲学家柏拉图的时代到现在，也有很长的时间了，他以其卓越的智慧被称为非凡的柏拉图。在他的叫做希巴克斯的对话中，他指出他那个时代白银与黄金之间的比例同上面所说的一样；如今仍然不变，因为 12 盎司的白银今天还是值 1 盎司纯金。所以，当 1 盎司黄金铸成 6 枚安琪儿时，两盎司纯银铸成的 20 枚克罗特的价值等于 1 枚安琪儿的价值。所以，银币所包含的 40 便士的价值相当于金币所包含的 40 先令的价值。

爵士。你还想叫我们回到我们待过的老路上去，可是全部的统治力量正在策划怎样实行变革的方法呢。

博士。它肯定需要某种精明而有远见的计划；但它并不十分费力，也不会像有些计划那样必然由此产生不便之处；它也不会像那些计划一样，需要手忙脚乱地预作准备，并由于在那种场合硬币也像目前这样遭受灾难而越来越穷于应付；种种事情自然会比较容易地恢复到旧日的贸易轨道，而不致转向少见的或轻率的用途。人们一定会很高兴地体验到从前惯常经历的事情，并甘愿承受某种使其得以实现的痛苦。

爵士。好吧，那就请你照自己的想法把问题提出来，让我和我的朋友们看看会不会由此产生什么麻烦吧。

博士。你让我处理一个决不是我的简单才智所能对付的大问题；能够想出办法的，是枢密院或议会的英明首脑，或者是从最杰出的博学之士中挑选出来的一些人，由他们聚在一起花很多时间来商讨这个问题。我讲了那么多的话以说明这件必须做到的事情，也许已经超出我应尽的责任了。

爵士。虽然我们在这里私下设想了与整个国家有关的事情，但是，如果我们没有充分发表意见，仿佛我们并不要使人们按照我们的方案实行似的，那又有什么妨碍呢？博士先生，要是我能听到你讲一些非常精辟的道理，那也许是有好处的，因为在我将来担任议员时（我目前还不够资格），我可以在议会发表意见，使许多人仔细听取之后认为受益匪浅；所以你还是把你的计划说出来吧。我们是决不会让它促使我们去采取什么行动的。

博士。干预国王的事情是危险的，特别是如果这种干预有可能减少他的收益的话。

爵士。这话不假,如果一个人发表意见的场合确实会产生不利的影响,并且他抱有那种意图,那倒真是危险的。

博士。我可不是这样,而且完全存有最良好的愿望;我请求上帝作证,但愿国王陛下终于获得莫大的利益、荣誉和安全;可是有些人也许会说,对此进行的研究工作与我毫不相干。不错,我是个臣民,应当在事实上和策划上不仅对他恭敬,而且尽可能对他百依百顺;所以我要这样来提出问题。假定国王宣布,在下次的米迦勒节[①]到来之后,我国的任何硬币都必须按照兑换率折算,否则不得在市面上流通;每个人都应把他的新币送往国王的造币厂,在那里领取票据,国王就据以在下次米迦勒节和圣诞节之间或大致那样的时间按10先令新币折合1安琪儿(诺布尔)的办法给予金币,或者给予按旧价值计算的纯金或纯银,即10枚格罗特等于1盎司白银,6枚安琪儿等于1盎司黄金;请问,这样做会有什么害处吗?

爵士。噢,如果这个办法得到贯彻,那是根本不会有什么害处的。可是国王从哪儿得来财富,以应付一切开支呢?要使铸造出来的硬币足以供应全国银钱往来之用,不但国王陛下没有那么多库存,哪怕他所有的臣民把钱财都拿出来,或许也是难以满足需要的。

博士。我并不否认,将要经过一年、两年或三年的时间,我国才能像从前那样得到充分的供应,而国王陛下为了完成这整个过程,势必有一段时间感到国帑空虚;但困难并不像乍看起来那么严重,不过是开头的时候有点棘手罢了。首先,国王陛下势必会有一

① 米迦勒节为英国四大结账日之一,在9月29日。——译者

部分财富运进造币厂作为试铸新币之用。全国还留有某种硬币，这种旧币如果得到正确的估价，可以作为田赋和地租流入国王手中；另外还留下某种金属板，如果人们能像从前那样换回用纯银铸成的银币，他们是会乐意把金属板拿出来的。同时还可以作出规定，不准将羊毛、织物、锡或诸如此类的商品运往国外，除非买主按照从前的比率以纯正的金币或银币付款。如果国王确实规定人们可以按照比从前低廉的代价或相当便宜的代价购买铸就的银条，他们是会很快就把白银送到造币厂去的。

爵士。这需要一段很长的时间，才有可供全国之用的那么多白银和黄金被送进造币厂或铸成硬币。与此同时，全国人民既然没有足够的硬币，怎么能够做买卖呢？

博士。一方面以货易货，另一方面利用仍在各地流通的那部分经过校准的硬币，直到有更多的新币被铸造出来为止。

爵士。在那期间，国王和乡绅该怎样收取他们的地租呢？

博士。国王可以以他自己的通用货币的形式收取地租；乡绅则向佃户收取其承租土地上生产的、按一定价格估算的商品，作为上半年的地租；到了下半年，应当运交那么多的羊毛、兽皮、锡、铅和其他商品，其数量等于以优质金币和银币的形式向国王和其他一切贵族交纳的地租；因为我认为每个佃户每年都培植某种或其他足够用来向其领主交纳地租的商品。领主们又可省下一定数量的、向其佃户收取的商品，至少能够用来向国王陛下交纳田赋。即使没有其他任何东西来帮助完成这一切，仅此一项也会在一年之内聚集到很多的优质硬币，其数量足够供应全国经济交往之用；这是因为，任何佃户都不得不量入为出，地主也不能让每年的支出超过他的收入。如果许多人中间有一个人超支，另一个人就会把同样多的增收节省下来。如果一年的时间不能给全国提供足够的硬币，另一年就会做到这一点；第三年就会使我们像从前一样富裕。一年的收入是不够一位君主或一个国家开支的，所以，正如他们所说的，只能像我们目前这样勉强糊口，但那时还需要有一些贮存，以防战争或荒年之类的意外事件。因为如果我们像以往有过的那样遇到战争或歉收，需要火炮、弹药或外国人的其他帮助，那就不是我们现在使用的货币能够给我们提供的了。同样地，如果我们国内小麦严重缺乏，为此我们不得不取诸于外部世界，那也不是我们的货币所能购买的。因此，既然在目前充裕的年份我们的商品只能换回数量有限的必需品，它们就无法与所需购买的物品求得价值上的平衡。因此，如果战争和歉收一并到来，像从前有过的那样，我们会怎么样呢？不消说，我们将处于非常艰难的境地，很可能会遭到外国人的入侵。另一方面，如果国内贮存一些财富，那么，即使遇到战争和荒年，我们还是能够支持一年、两年或三年的；因为，假如一个繁荣年份在1 000人中共有10万镑的优质硬币，同时又有1 000座谷仓，每座存满价值100镑的小麦，那么，他们的货币就能买到所有谷仓里的小麦。可以说，金钱是你想得到的任何商品的货栈，这在我们以前的谈话中已经提到，因为它可以保存的时间最长而不致腐蚀或损坏，在往来携带进行一切交易时最为简单便捷，而且如果它是金币或银币，那就可以到处流通。然而，要不是携带起来感到笨重，我还可以用上述货币买进价值相等的黄铜、锡或铅，因为它们适宜于长期保存，它们的价值是人们所普遍承认的，不过携带起来相当麻烦罢了。如果一个人缺乏伦敦的某种商品，他自己却住在巴威克，同时再假定他有货物可以交换上述的那种商品，并可花不多的费用悄悄地用1匹小马把他那笔价值达100镑的货物驮往伦敦，那么，这种运货的办法岂不是比那需要用1辆运货马车才能把同等价值的另一种货物运到伦敦去的办法轻松得多吗？

爵士。是的，毫无疑问，但他还应当在这方面采取万全之策，那就是你上次谈到的避免盗劫的问题。

博士。这话不错，而且，如果他不用车载和马驮，那就万无一失了。

爵士。在此之前，我曾遇到过一些像你这样的学者，他们声称反对金币和银币的发明人，因为它们是大量谋杀、重罪和祸害的根源；正是钱财这种东西驱使人们去作奸犯科的。

博士。我清楚地知道他们抱有那样的态度；他们不仅反对金币和银币的始创者，而且反对铁和钢，因为它们也是人们在彼此之间用以进行大量谋杀和残杀的工具。我真诚地希望在我们中间那么普遍地使用的铁和钢都不致成为杀戮的手段。但是，如果我们抛弃我们的工具和武器，而其他国家却没有这样做，我们就会自己解除一切防务，听凭它们宰割；再说，如果祸害的根源不在于金币和银币本身，而在于使用不当，但我们却不顾其他国家仍然使用相类货币这一事实，贸然废弃我们的金币和银币，我们就会削弱我们自己而大大加强其他国家的力量。虽然某个私人为了自身的打算起见不妨在妥善使用我们的钱币时尽量拨出一部分，但是为国家考虑，却并不需要所有的人这样做，正如并不要求所有的女郎都当修女一样，虽然有些人作为个人的行动是可以这样做的。

爵士。我曾听说在此之前有些君主用皮革制成货币，必要时把它投入市场流通。

博士。你最好还是说那是在一次特别急需的时候，而且为期甚短；可是我在书上只看到有一个人这样做过，他名叫弗雷德里克，姓伊诺巴布斯，是阿尔曼的一位皇帝，大约生在公元 1193 年。他在进行一次战争时把钱财统统用光，手下的士兵准备离他而去，这时他迫于亟需，打制了皮革货币，每块订上一只有他自己的标记的银钉，希望他的士兵暂时把它们接受下来，以代替优质的硬币，并答应在战争结束后一定让他们凭皮币换取优质的流通货币。他利用这个办法留住了他的士兵，完成了他的事业；随后他收回皮币，换给他们优质的硬币。所以，如果君主们遵守信用和履行诺言，必要时就可在他们的臣民的中间作出了不起的业绩；如果他们不那样做，财政拮据的局面就会迫使他们从外国人的手里寻求支援而最后蒙受巨大的损失，就像经验在不久以前已经表明的那样。

爵士。可是我们还是接着讨论原来的话题吧，如果国王像你所说的付出优质安琪儿来换取带进造币厂去的每枚 10 先令的新币，他一整年的收益就会入不敷出了。

博士。一年的收入经过妥善安排的消费后可以节省 10 先令；用一年或两年的租金买进土地，是一笔正当的交易。如果国王陛下把优质的新币安琪儿交给他的臣民，换取目前流通的诺布尔，他就可以说是仿照弗雷德里克的办法行事了。国王曾在较长的时期使用他臣民的硬币（有理由和必要这样做）；但不仅如此，他还根据他的法令获得第三部分，即仅以 1 个诺布尔换取 10 个先令。

爵士。那么，如果人们设法把他们的硬币铸造出来，其目的不求得到多少利益，甚或无利可图，只是为了工人有工可做，那么，原来靠铸币获得很大好处的国王陛下就会照你的说法遭受很大的损失了。

博士。所以我相信那些伪币制造者会欺骗国王和他的顾问。可是我会在这方面相信他们，正如他们以前同样作出保证和不履行诺言时我还相信他们一样，那就是相信他们怎样能够用铜铸成银币，用银铸成金币；这种事情不管他们完成得多么顺利，我还要告诉你，这很像一场空梦，运气适得其反；因为他们在那期间已经把我们的银币变为铜币，把我们的金币变成莫名其妙的东西。然而有一方面我必须承认，他们已经把我们的铜币变成银币，把银币变成金币；那就是说，为了保护他们自己；但与此同时，他们已经耗竭了君主的财源，他那作为国家而存在的金库；这类似经常愚弄私人的炼金术士，那些人保证他们能够得到成倍增加的黄金，而实际上却把它减少了；但是他们还哄骗说黄金仍旧在不断增多呢。这样，硬币的数量是增多了，但价值又减少一半。因为他们抛出两个硬币以代替 1 个，于是原来的 1 个就抵到他们所抛出的那种硬币的 3 个的价值。虽然他们企图使君主相信，一切得来的收益归他所有，但大部分的收益却粘在他们自己的手上。为什么呢？因为这些乱七八糟的金属之间的比例很难断定，根本测试不出来，国王手下的官员也无法公平地责成他们保持某种标准；如果他们铸造硬币，那并不会像表面看来那样对国王有利，而是大部分的纯收益将归他们所有，正如从前到了炼金术士和所谓增值者的手里一样。这样一些人似乎具有或者已经具有了不起的技艺，能够怎样暴富起来，仿佛他们就像俗话所说已经找到了魔法戒指似的。这可以

从我认识的一位名叫奈特的诚实君子的身上看出来，他开始在造币厂工作，后来我听说他继续留在那里，大约不过两年，就生病死了。可是，由于他是个颇有良心的诚实人，他在病床上理解到他担任造币工人所得的钱财大大超过应得的酬金，于是我听说他就确实把1 000马克遗留给国王，以赔偿他曾经从国王那里获得的非法收入；很像从前有些人把他们忘记向教会交纳的农产品什一税补交给当地的教区教会一样。那么，既然这样一个诚实的人能够在极短的时间内获得这笔钱财，另一个在谋取财物方面没有良心的人又会干出什么勾当来呢？可是，姑且先来回答你的反对意见；当国王的铸币回到他的手里时，他所得到的好处远远低于他每年丧失的岁入、关税、特别津贴、罚款和诸如此类的收益。

爵士。好吧，如果我们照你的计划规定，所有的人在下一个米迦勒节以后必须按纯金或纯银的旧币交纳一切税款，那么我要这样来论证这个问题：由于硬币的价值提高，一个人曾经按每年收入10镑的估算买进了一片土地，而那片土地在硬币升值以前每年只值20诺布尔或6镑13先令4便士，其数额不超过目前如果改革硬币使其恢复到旧日价值时所得的数额；他和其他这样的人在我国为数颇多，他们该怎么办呢？如果他们不得不按照旧币的价值每年付出10镑，他们就很可能要完蛋了。

博士。你对那种情况倒记得很清楚。如果不出现那种情况，许多人就会遭受很大的不便。虽然让少数人在那种情况下付出这样的数额，一般说来并不像全国各地的地主在其按目前硬币的价值收取地租时所认为的那样是一种十分普遍的伤害；但是，由于这种事情可能很容易做到，那就会出现这样的情况：凡是拥有任何土地或农庄的人，从硬币增值起，要从米迦勒节以后为他们应付的每 10 先令支付按照旧安琪儿价值计算的经过纠正的硬币 1 安琪儿。于是，无论是佃户或地主就不会忧心忡忡或改变交易的条件了。

爵士。那我就这样来论证这个问题。要是一个人如今不得不在下一个米迦勒节到来以后付给另一个人 100 金镑，他就必须以当时流通的硬币支付，这种硬币每 100 诺布尔的价值将高于最初订立合约时 100 金镑的价值；于是他就会无缘无故地蒙受很大的损失，因为他要以目前流通的硬币付款。这样的人又该怎么办呢？

博士。甚至会像以前另一个例子那样作出一项类似的规定。那就是这样的债务人应当根据硬币增值以来订立的任何借据，为他们所欠的每 10 个先令支付 1 个安琪儿诺布尔。所以，根据上述借据，他应付 100 金镑的债务可以用这种改变后的硬币偿付 100 马克；这样，双方都没有怨言。

爵士。那些租借土地（从事农业）或在硬币增值以前出具借据举债的人该怎么办呢？

博士。至于说到在硬币增值或改变以前出租的土地，或者与此相类似的经过双方承认的债务，谁也不应当因为要按旧的币值付款而发愁；因为这时并没有另订契约的打算；但是，当硬币初次发生变动，使所有的贵族和乡绅感到苦恼时，他们就不采用这种条款了。所以，与此相类的其他问题也许会在事情发生变动而不是恢复原状时出现；这是因为，在制定任何新的法令时，不可能使它十全十美而无损于具体的个人。正如元老院议员塔利[①]这位政治家所说的，只要法令对大部分有利但对极少数人有害就够了。可是，这类问题出现时是会得到应有的考虑的。因此我要把我简单的意见告诉你，说明我认为怎样可以用最简单的方法来改变这种并非出于天降而是由我们自己造成的物价普遍上涨的现象。当上帝有意使我们要按较高的价格购买小麦、牲畜或其他重要物资时，人类是想不出什么办法来挽救的，而只有求助于祈祷和改变生活态度，因为上帝给我们的惩罚是一视同仁的。

爵士。如今你已经精辟地谈到了这种物价上涨的原因并充分地提出了改正的意见，我对此都深感满意。我再请你向我指出针对这些大规模圈地活动的补救办法吧，因为全国国民对圈地颇有怨言，并且长期没有平息。你已经深信圈地是全国土地大片荒芜的根源；人们依靠牧场获得的好处早就超过了依靠耕作得来的利益，因此他们纷纷把农田划为牧场。现在我倒想听听还可以有什么补救的办法；因为我不仅在地方议会而且在伦敦的议会里长期听人谈起这个问题并屡次加以思考，但找不到有效的补救办法。

博士。在全国议会和地方议会那么多贤明人士之后，如果我要自告奋勇去纠正这件他们认为是十分重要的事情并找到一项他们没有能够发现的补救办法，我就可能会被认为是狂妄自大了。

爵士。可是请你把自己对此的设想告诉我吧；这是因为，虽然你还没有想出改正那个问题的正确方法，但你这样做肯定不会带

① 塔利是罗马政治家、演说家和哲学家马库斯·塔利乌斯·西塞罗(公元前106—前43年)的英文名字。——译者

来什么耻辱，正如我所谈到的那么许多贤明人士也不会因为没有想出良策而丢脸一样。

博士。你说得很对。由于我在本来会把它当作一项法律的这个方面没有发表什么意见或者作出什么判断，除非是作为某种动议供别人考虑，让他们根据自己更为明智的见解认为合适的取舍来接受或者拒绝；所以，既然承蒙你耐心听我冒昧地述说了这么多，我决不在这方面吝惜吐露我的想法。但我仍然必须保持我讲过的立场，那就是要探究这些圈地的真正原因，然后设法排除这个原因以补救其造成的不利局面。

爵士。那就请你这样办吧；因为据我看来你所说的话似乎是非常合理的，同我有一次患寒战时听医生对我说的话相一致；那时我问他，为什么他要给我吃泻药，使我比以前更加虚弱，因为我的体质已经够弱的了，并且说，你应当给一点使我强壮起来的药才好。于是他回答我说，暴怒是我生病的原因，他给我那剂泻药是要避免这些情绪，一旦病因靠此得到排除，我的疾病就霍然而愈了。所以我请你在这个问题上利用你惯常的谈吐方式，告诉我这些圈地的原因吧。

博士。我以前在我们花园里的交谈中给你指出过我认为什么是圈地的根源，并部分地谈到了纠正其弊害的办法。

爵士。我们中间的其他几位当时也说出了他们的设想；但现在我要请你说明，你认为所有那些原因中哪一项是这个问题的必然的和真正的原因。

博士。老实告诉你，我认为贪婪是其中的主要原因；但是，我们能够想出办法使所有的人不再贪婪吗？不能，正如我们不能使人们没有愤怒、没有欢乐、没有恐惧和没有各种感情一样。那怎么办呢？在这方面，我们必须杜绝人们贪婪的机会。那是什么呢？那就是他们看到依靠这些圈地比依靠农艺更能产生大量的钱财。杜绝贪婪的措施可以通过我要告诉你的两项方法的任何一项来实现：或者减少人们依靠放牧获得的钱财；或者提高农业的利益，直到农田的占有者像牧场主一样认为稳妥和有利可图为止。柏拉图说，每个人都是生来就贪财的，只要他发现哪里可以挣钱最多，他就会乐意到那里去一试身手。我以前指出，光是牧场主从10英亩牧场得来的收益就多于农民从耕耘20英亩耕地得来的收入；其中的原因是多方面的。首先是，放牧只需要花费少量的费用和劳力，而这两项在耕作农田时却要消耗雇主的很多收益；固然，10英亩耕地一般说来会比20亩放牧地给主人和他们所有低微的雇工带来较多的好处。另一个重大的原因是，牧场上饲养的不论何种牲畜或家禽都可在国内和海外自由投放市场，以最高的价格出售。由耕耘培植出来的东西恰恰相反，因为耕耘需要支付雇用仆役和劳力的大笔开支；如果哪一年小麦的价格暴跌，出售小麦的收入就甚至会不敷耕作的费用；再说，如果国内或国外的行情上涨，可怜的农民也不能随意出售他们的小麦，因此他们以后就决不会有什么兴趣来犁地播种了；这种情况使每个人抛弃农作而开始从事放牧，于是就产生所有这些圈地的行动。

爵士。那么该采取什么办法来纠正这种情况呢？

博士。呃，关于第一点，即涉及耕种和放牧之间费用不相等的问题，那从各方面看都是无法补救的，因为两者的性质所要求的条件截然不同；所以，拉丁语的放牧含有便于饲养的意思；但另一件事是可以补救的，即不妨让农民始终有充分的自由在国内和国外任意出售小麦，就像畜牧业者可以随便出卖他们的产品一样；这样做就会使农民比较愿意使用他们的犁了。当一方看到另一方兴旺起来的时候，他们也将把放牧改为耕作。虽然这样做会使市场的行情暂时看涨，但它将使人们利用更多的耕地，因而生产出更多的小麦；这在国内丰收的年份可能会带来很多财富，而在歉收的年份也会像我以前指出的那样足够供应全国人民的食用。因此，钱财会诱使他们使用耕地，当然还有其他特殊的照顾会促使他们这样做。我在书上读到，我国从前有这样一条法律，如果一个人由于过失而违犯了那条法律，他可以从事农活以求庇护。还有，务农的职业在罗马人中间负有光荣的声誉，在罗马常有从农民当中选拔执政官的；这类执政官在任职期满时并无不屑于重操旧业的想法。还有什么行业像农业这样对于人的生活来说更加必要和更加有益呢？在一切行业中有哪一种行业像农业这样无需有多么高超的技艺呢？并且它现在是怎样受人轻视的呢？是的，人们在很大程度上贬低它的价值，那些最近得势的贵族干脆把农民当作乡巴佬、恶棍或奴隶，而他们中间哪怕是最傲慢的人也要靠农民生活哩。所以我心里存在着疑团，不知道是否还会有人（虽然受到侮辱和轻视）愿意从事农艺；因为荣誉促进一切专门技术，而耻辱也一定会使它们衰退。因此，如果你想使农业振兴起来，你就必须加以尊重和扶植；那就是，要使农民能够靠此获得正当的收益。既然那种收益应当流入农村，为什么你要为此感到生气呢？另一种方法是减少畜牧业的商品量；当任何税收必须归诸国王陛下时，如果还应当对土地课税，那么对1英亩牧场征的税就应当同对两英亩可耕地

征的税一样多；否则就对未经加工运到海外去的羊毛、兽皮以及从牧场饲养出来的东西课以重税，同时也对运到国外去的小麦征税。这样，由于提高了耕种的利益和抑低了放牧的利益，我相信从事农业的人必将大量增加，从事畜牧业的人将相应地大量减少；从而那些圈地就可以打破了。还有一件从前在我国国内确定下来的事情，这件事情由于一直没有改变，也将产生作用；那就是，只要人们在共同的田野上一起参加农业，他们各自拥有的一部分土地犬牙交错，那么，虽然他们有那种心愿，他们也是无法把上述田野的任何部分像现在这样长期围起来的。可是，近来有许多人发现放牧比耕耘获利较多，已经设法购买他们四周乡邻的土地，或者拿此处的若干英亩土地向他们换取彼处的若干英亩土地；这样他们就可以把自己的全部土地合并成一片，用篱笆围起来。为了避免由此产生的后果，我确实认为那是由来已久的规定，即每个佃户租用的土地不是在一块地里连成一片，而是同他邻居的土地交织在一起的；所以，既然这里有 3 英亩，他的邻居也得有 3 英亩，再过去一点，他另外还有 3 英亩或 4 英亩；我国登录在卷的佃户租用土地，就我所知道的情况来说，大部分是按照类似的方式分配的；我认为这种安排最好能够继续下去以避免上述圈地的现象，从而也有助于问题的解决。

爵士。如今你已经清楚地说明了你关于物价上涨和圈地现象的意见，我还要请你告诉我，你认为本国的一些优良的城市以及一切桥梁、公路和医院衰败的原因是什么呢？可以用什么办法来补救和恢复原状呢？这些农民和乡下的居民觉得各地并不缺乏农田，而城市居民和市民则发现他们的城墙之内也有很多农田哩。

博士。由于我已开始毅然说出我对这些事情的想法，我是一定要把话讲完的。据我看来，我觉得上述城市在此以前所从事的一些有效的行业是他们过去发财致富的根源，而他们放弃那些行业是上述城市凋敝的原因。因此，如果那些职业在上述城市得到恢复，他们从前的财富是会源源不断地回到他们的手中的。

商人。我深信若干行业的凋敝就是那些城市的凋敝。可是我要请教，那样一些行业凋敝的原因是什么呢？

博士。听我慢慢道来；当人们对于邻近集镇的范围内制造出来的东西感到满意时，我们的市镇和城市里的那些人就受到触动而奋发起来；我知道，当人们对于邻近市镇里制造的便帽、礼帽、腰带、针绣花边和各种服装感到满意时，他们是会产生那样的情绪的；于是许多城镇都忙碌起来，紧张地开工生产各自的产品，而购买这些商品的货款则留在国内，并不外流。如今一个地区哪怕最穷的年轻人也不会满足于家乡附近制造的皮带、皮绳、手套、小刀或匕首了。特别是任何乡绅不会满足于购买本乡本土制造的便帽、上衣、紧身上衣、紧身短裤或衬衫，而是必须要从伦敦采购他们的衣服了；然而很多东西不是在那里而是在海外制造的；因此我们好些城镇的技工就无事可做，伦敦，特别是海外城市的一些行业甚至专门为了从我们身上谋取利益而日夜开工。所以我希望设法制止从海外输入那么多没有什么价值的商品，尤其是那样一些可以在我们这里的自己人中间制造的东西；否则也可以把那些东西全部省掉，或者尽量少用；例如这些玻璃杯和镜子、色彩鲜艳的衣服、香味手套、匕首、小刀、别针、针编花边、服装上用的装饰金线、纽扣以及千百种其他类似的东西；还有像丝绸、酒类和香料，如果大量

减少输入，也毫无关系。但是，我特别希望不要使用海外任何以我们的原料如羊毛、兽皮、锡等制造的、返销到这里来的商品，所有这些东西都应在我们国内加工。如果我们能够安排自己的人民来生产这些东西而不让外国人染指，那岂不是对我们大有好处吗？我相信，我国可以安排两万人就业，从事生产工作，而目前在国外制造、在这里穿戴的东西是由国外运进来的；可是那些东西完全可以在这里制造。难道国王陛下不乐意得到帮助，从而可以终年供应1 000 人的生活而不必由他自己负担费用吗？我认为这些东西是可以在这里制造的，不仅足以使那么许多人有活可干并为国家尽力，而且足以为其他方面效劳；如制造各种织物、毛线、床罩、地毯、挂毯、针织袖套、男用紧身短裤、裙子、礼帽、便帽；其次是白色和棕色的纸张；羊皮纸、犊皮纸和各种皮制品；手套、针编花边、腰带、缝制紧身皮上衣用的皮革；还有用我们的锡制造的各种器皿；以及各种玻璃制品、陶罐、网球、餐桌、纸牌、箱子，因为我们需要这些东西；还有匕首、小刀、锤子、锯子、凿子、斧子和诸如此类的铁制品。现在我们从外国人的手里购买所有这些东西，像我刚才说的那样使其他国家的许许多多人有工可做，他们的工作用品和工资由我们负担，而所有这样的开支都可在我们国内节省下来；对此，难道我们不觉得羞愧吗？这笔资财不应当从我们方面拿走，而是应当回归到原来产生它的地方。在建立那些行业时，我愿意促使人们选择和爱护其中最能把商品和钱财挣回国内的行业。你必须考虑三种行业：一种是把钱财送往国外；第二种是并不把钱财送往国外，也不挣回钱财，但它把所得的钱财用于本国；第三种是能把钱财挣回到我们自己的国家。属于第一种的，有酒商、妇女冠帽首饰商、缝纫用品商、绸布商、毛织品商、杂货商、陶瓷器商等这样一些贩卖外国制造的任何商品给我们的商人;他们确实只是使国内的钱财陷于枯竭。属于第二种的有葡萄酒商、卖肉商、面包师傅、酿啤酒商、成衣商、鞋匠、马具匠、木匠、熨衣工、泥瓦工、铁匠、车工、桶匠,这些人不把钱财运往国外,也不赚取国外的钱财,而是就在挣钱的地方花掉他们的收入。第三种是这样一些人:织布工、制帽商、毛线纺织商、白镴冶炼商、制革工人,他们都有一定的技术,并且根据我的推断,他们或多或少都给国家挣来外国人的钱财。因此,鉴于这些技艺颇有用处,它们就应当受到爱护;如果哪里没有这些行业,就必须把它们建立起来;还有其他一些专门技术,如制造玻璃器皿,制造刀剑、匕首和一切钢铁工具;还有制造饰针、针编花边、饰带、麻纱以及各种纸张和羊皮纸的技术。我听人说起,考文垂市在此以前最主要的行业是制造蓝线,于是那个城市甚至只靠这一行业就富裕起来了;而现在我们的线团却都从海外运来;因此考文垂的这个行业立即衰退,城市本身也一落千丈。布里斯托尔港也是如此,它本来拥有的一项制造针编花边的庞大行业,是该城训练出来的最主要的行业。虽然这些只是现有最简单轻松的技艺中的两种,但那两大城市是靠上述那些技艺来维持的。我在威尼斯听说,现今整个欧洲大多数繁荣的城市只要知道有任何精于某种技艺的名工巧匠,就会千方百计引诱他们到它们那里定居;因为人们会瞠目结舌地看到,一个有用的市民会给一个城市带来多么可观的钱财,虽然他本身并不从他自己制造出来的商品中获得利益,还只是过着穷苦的生活罢了。例如,一位毛线精纺工给他所居住的城市带来多么大的一笔财富,许多人又怎样在他的指引下

谋得生计，关于这些，诺里奇的情况可以充分提供证明，因为这个城市依靠几位毛线精纺工已经变得相当富裕了。关于制造服装和便帽的行业，情况也是如此；可是，虽然其他城市确实在罗致优秀的技工，我们的人却会把他们排斥出去；我了解一些如织布工和铁匠之类的优秀工人，他们从国内若干陌生的地方来到一些城市，想要在那里建立他们的行业，但由于他们不能自由行动，特别是因为他们比那些城市的任何工人都出色得多，人们就不准他们在那里开工生产。这些行业在那些城市里都有组织，它们不准任何人从事它们的工作，除非他们先加入进去，成为组织的成员。

制帽商。你认为外乡人在一个城市或城镇可以像那里的学徒一样自由采取行动是合理的吗？如果情况是这样，那么谁也不会愿意充当徒工来学习任何行业了。

博士。我并不是说他们应当都有相类的自由活动权或特权。但是，正如一种手艺造成一个城镇或城市的某个行会那样，我也愿意促使人们重视本城市的财富，而不要过分重视一种手艺或行业的利益或特权；这是因为，虽然通常只有行动自由的人才被容许到那里去工作，但是，当某一种行业的一位技艺高超的工人来到时，他凭自己的知识不但可以给该城同一专业的工人传授本领，而且还可以给该城带来很多利益；在那种情况下，我宁愿使私人的自由权利和特权让位于公共福利，希望人们重视上述工人的长处而乐于容许他在该城享有行动自由的权利，并不为了他初到或初次开业而向他索取任何费用。是的，看到一个城市趋于衰落，缺乏技工向该城提供除了有时在那里顺利开展的个别手艺之外的其他手艺，或者由于该城的地理位置和有利条件而有可能繁荣起来，我就希望从其他有基础的地方吸引较好的手艺工人来到那些衰败的城市定居，给予他们行动自由的权利，还要免费供应住房，或从城市的公共贮备中贷给一些原料。当那城市有了相当数量的技工时，就要阻止外国工人的到来；但是，当该城缺乏技工居民时，任何恢复其繁荣的政策都不应遣走外乡的技工；因为所有城市的大部分是由各种各类的工匠维持的，特别是要归功于那些制造外销商品因而能够挣回财富的工匠；例如服装工、制便帽工、毛线精纺工、制礼帽工、针编花边工、扣针工、白镴制品工、铸造工、各种铁匠、刀匠、制手套匠、制革匠、羊皮纸制造匠、腰带制造匠、钱袋制造匠、造纸工、制线工和许多这类的工匠、车工、编织工和诸如此类的工匠。至于纺织品商和缝纫用品商、酒商和杂货商，我看不出他们在一个城市里有什么作为，除非是给 5—6 户人家找到一种谋生之道，而不是使那些比这多 1 倍的人家受困于贫穷；但是，由于人们需要丝绸、酒类和香料，他们在自己的城市里花钱买这些东西总比被迫到远处去采购来得方便。至于像我已经提到的其余的工匠，他们既不把钱送往国外，也不从外国挣钱回来；如裁缝、制鞋工、木匠、熨衣服工人、砖石工、泥瓦工、屠夫、食品供应商等等。还有，如果我们的许多城市能够作出规定，除了并非真正在当地加工制造的商品而外，所有制造出来的商品都给打上特殊的标记，那么，它们的衰败情况就可在很大程度上得到减轻。再则，凡是住在各个城市之外的技工，例如漂洗工、制革工、服装工这样一些不能为了本行业的方便起见迁往某个城市居住的技工，只应限于在某个合适的城市得到纠正；他们不得出售任何产品，除非得到他们被限定进入的那个城市的批准和确证。通过这三种方法，也就是说，首先是阻

止海外制造的商品流入我国销售，因为那些东西是可以在国内制造的；其次是限制我们的羊毛、锡、兽皮和其他商品在未经加工的情况下运往国外；第三，经过合适城市的纠正，使那些住在乡间制造产品的技工可以到外面推销商品，这些商品在出售以前应先由该城市进行检查并开具证明；我认为这些办法可使我们的许多城市不久就恢复原有的财富，或者更富裕些。

爵士。现在我要请你谈一谈你所说的最后一个问题，即怎样可以消弭那些意见分歧的问题，因为意见的分歧使人民深感苦恼，在他们中间造成严重的骚乱和分裂，其表现形式为邻居与邻居之间、父子之间、夫妻之间发生争执；这种事情比以前所说的世间财物的损失更加可怕；如果我们不像现在这样穷困，但彼此意见融洽，我们就会在短时期内重新完全控制我们自己。

博士。你说得很对；大家意见一致，软弱的组织会增加力量并逐渐壮大起来；反之，彼此不和，坚强的组织也会逐渐变弱；完全可以这样说，实际的情况表明，每个王国如果本身陷于分裂，就必然会变得满目凄凉。因此，我不免要向你抒述鄙见，说明如何可以使我国避免发生这么大的祸患。并且我还要利用一种行业来探索根本的原因，并指出排除那些原因的办法来说明补救之道。我认为这方面的主要原因在于我们那些宣讲基督圣训和玄义的牧师以及你们作为教徒所犯的过错。首先是我们的过错，因为我们已经逸出了自己应有的道路，脱离了自己的正常状态和违背了自己的信誓，而醉心于种种放荡的行为；不仅染上了世俗的恶劣习惯，而且在傲慢、贪婪和淫欲方面远远超过世俗人等。因此，你们这些俗人在我们的一举一动中看不到优点，并且实际上认为我们不配担任领导和牧师,或者觉得你们不应当再相信我们的教诲,因为我们的教诲同我们自己的生活有天壤之别。于是你们就自告奋勇,担负起并不适宜的判断精神问题的工作;其结果是棘手的事情接踵而至。只要我们教会的这些牧师的行动和谈吐同我们的教义相吻合,那么所有的人,不错,世界上那些最伟大的君主和最贤明的人士,就会喜欢我们的教义,在有关精神问题上遵从我们的意见。由于我们背弃了力求生活得尽善尽美的原则,我们不再受人信任,我们不道德的生活使基督的神圣教义遭到了诋毁。这样我们就已经举出了产生这种弊病的第一个原因,你们也已把它当作引起各方面不和的手段。虽然双方在那一点上措施都很欠妥,补救的办法却应当从这种弊病的根源入手,而我认为根源就在于我们,即在于牧师和精神生活方面的指路人。老实对你讲,正如我不掩饰你们的过失一样,我也并不隐瞒我们的错误;除非我们首先实行自我改造,我没有多大信心会看到宗教方面彻底消除这种普遍的分歧和分裂;由于宗教当局暂时感到满足,那种分裂的局面也许会得到消除,但它肯定会重新出现,除非我们首先实行自我改造。

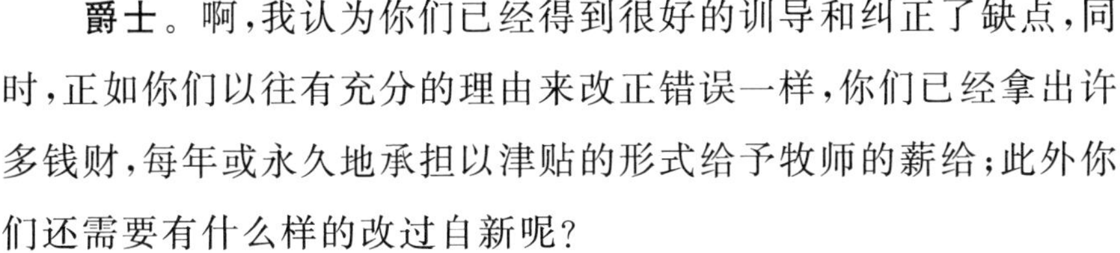

爵士。啊,我认为你们已经得到很好的训导和纠正了缺点,同时,正如你们以往有充分的理由来改正错误一样,你们已经拿出许多钱财,每年或永久地承担以津贴的形式给予牧师的薪给;此外你们还需要有什么样的改过自新呢?

博士。是的,毫无疑问,如果说自我改造已经起到作用,我们所受的谴责也够多的了;但是,有些老师并不采取严厉训斥的方法来教育学生,他们收到的效果倒反比屡施鞭挞来得好。而且,有些学生在不受打击的情况下改造的结果往往优于其他学生。现在你们和我们的做法是这样:你们打击多而施教少,我们又是另一种情况,即虽然我们并不把鞭挞放在心上,所学到的东西同样不多。这是因为,虽然我们已经受到那些惩罚,即申斥、辱骂和揭露我们的缺点,但不妨看看我们有多少人已经自行改正过来;是的,特别是在我们明显的责任方面,对此我们受到上帝的律法以及我们的教规、法律和法令的约束。我们还有多少人已经凭借我们提供的牧师薪给安于其位呢?那种薪给不仅以上述法律和法令为依据,而且有赖于我国的法律所规定的重罚。当我们如今不大能够履行向牧师提供薪给的义务时,有多少人不像从前那样处心积虑想不断增加我们这方面的负担呢?如今在承认牧师和其他神职人员的地位问题上有什么更好的考验或检验呢?我们的主教作过什么比较正确的探索,接纳一些高尚人士来给他们医治精神上的创伤呢?现在他们走访教友,是否比以前更好地执行我们的宗教法规呢?另外,我们的高级教士和主教在发表言论或履行其他职责时如今比以前表现出什么较好的殷勤和积极的态度,或提供什么比较有效的帮助呢?难道他们现在不是像过去那样蛰居在自己的远离大教堂的宅第里和庄园里吗?岂不是一年中间难得看见他们有一次身临他们的主要教堂,但他们却理应常驻在那里吗?由于上帝给予他们所有这些灾难,他们还能像过去那样适宜于宣讲上帝的旨意吗?可是他们两眼漆黑,看不到他们为什么遭受这样一些惩罚,而猜测那是由于其他的缘故;想当然地认为问题在于世俗人等的贪婪,企图占有他们的财产;或者在于人们为了在教会人员的手里没有达到他们的目的而怀有的憎恨;或者为了对罗马主教的敌意;或者为了不能忍受教会的惩罚;或者是他们自己想象出来的其他这类原因，认为对他们的愤怒不久就会自行平息。但我祈求上帝使这种愤怒的情绪不致进一步滋长起来，因为我担心，除非我们改正自己的错误，否则它是会愈演愈烈的。当人们要从他们汗流浃背地花费艰苦的劳动得来的收入中交出十分之一，而又换取不到任何精神上的安慰或身体上的舒适时，他们怎么会愿意呢？当俗人看到我们在其交纳教区什一税之后所给予的利益不如他们自己用来谋取的利益时，他们还会有什么顾虑，不把那笔钱留在自己的手里呢？当人们看到我们的教义在生活中不起什么作用时，他们还会相信它吗？人们如果看到我们的人员缺乏严肃认真的工作态度，还会尊敬他们吗？至今我所谈到的不过是法律和法令给我们生活带来的弊病；现在再让我们略为谈一下除了一切法律规定者外我们自己想要获得的钱财；在这方面，我们企图谋取的不应归我们所有的钱财愈多，我们丧失的应当归我们所有的钱财也愈多。除非我们为了如此神圣的或者由上帝随意制定的圣礼设法筹措一些钱财而外，还有任何类似这样的圣礼吗？然而基督叮嘱我们要慷慨地拿出我们轻松地获得的钱财。就有关圣餐面包和红酒的最神圣的仪式来说，难道我们没有像小贩那样把它们大量地或少量地卖给群众吗？我们滥用宗教仪式的行径已使虔诚的圣餐礼丢尽了脸。难道那是婚姻的结合，我们可以由此得到继承的财产吗？不，也不是像洗礼仪式，而是或多或少成为我们赖以增值财富的一种策略。在某种意义上，忏悔仪式也是给我们带来利益的重大手段；在这悔过赎罪的过程中，我们叮嘱人们以种种名义向我们的各个教堂贡献财物。我还认为确实并没有颁布什么命令，但有一些费用却流入主教管区的副主教及其执事的腰包。因此，怎样出卖

悼歌和祷告文的行径不是遮遮掩掩，而是显然对出钱最多的人特别卖力，照顾备至。然而，如果说宣读祷告文仪式曾经保证可以得到事先不加规定的、自愿的布施，我认为那也没有什么错误；但它像节日那样，机会有限，不能随时利用；因此他们频繁地进行那种仪式，不是出于虔诚，而是为了敛财，同时由于数量太多，不能以这种举动的价值受人尊重。但我认为还是应当对牧师表示尊敬。我所贬责的，只是我决不能容许的那种买卖宗教仪式的举动；不，我更加不能容许的是人们可能对其产生怀疑的任何类似的行径。所以，虽然复活节圣餐桌边的集会每天有四次供应面包和红酒，我仍然希望在那个时候避免募捐；尽管牧师、教区牧师或监理将因此丧失一些收入。我认为，与其让一个人的心灵受到损伤，还不如丧失一点金钱为好，因为上述的举动可能会使那个人的心灵感到不安；他也许会觉得自己不应当接受圣餐，除非他已经为此付出了代价。当穷人向别人乞求一点钱以便离开圣餐桌时，我们听到他们说些什么话。这种募捐同圣诞节晚上和其他一些大规模的募捐一样，在此之前深为人们所不满，他们要求改革，但毫无变动；于是随之而产生很大的麻烦；而我们却无动于衷，充耳不闻所有这些琐琐碎碎的事情，仿佛它们同我们无关似的。大家对这些彰明昭著地违反法律和教规的事情，如牧师的高级住宅、异常高的俸给、经常任意举行的圣礼，感到痛心疾首；如果不加改革，我们怎能有希望改进上帝和我们之间的奥秘关系呢？就我们的言论和举止来说，有根据我们法律和法律顾问的权威意见制定的最神圣的传统条件，因此所有的副主教每年都应当亲自视察他们的管区；主教应当每隔三年视察他们的管区，了解一下在个人或一般方面需要有什么样的改进，以便借此改正个人的缺点，并在下次宗教会议上改正一般的缺点。因此，他们就拿到他们的巡视费；但在视察时却不按规矩亲自出马，而是派遣代表；其目的与其说是为了改革，还不如说是为了各个教堂所提供的巡视费。金钱是确实收集到了，但收集这笔金钱的缘由却完全置诸脑后。牧师的俸给是强要到了，其应做的工作却未完成。如果每个主教在其管区内每年召开一次教会全体人员的宗教会议，每个副主教每三年召开一次整个辖区的宗教会议；如果那些管区内发生的任何值得报道的事情都会在全体教徒会议上被谈到；如果所提出的改进意见含糊不清或非通过主教单独的较大权威就无法解决；那么，难道还有另一种根据类似的传统条例举行的完美而神圣的宗教仪式吗？这些宗教会议如今是在哪里举行的呢？但他们欢迎穷牧师们每年多次举行的聚会。在这类理应是完美而神圣的宗教仪式中，所关心的不过是他们自己私人的利益，即由教堂献给主教的巡视费和会众的捐款。另一方面，当初为此而负的责任已被忘得一干二净；会众的负担依然如故，教会的义务却已无踪可寻。要是二者都被解除，那当然胜过丢掉好的保留坏的。如果他们说，现今用不着有这样的巡视或宗教会议，那也就不需要有会众的负担和教会的义务了；这是因为，我们中间应当改革的事情如今比以往来得多，改革这一措施也比以往更有必要。但是，我们主教一类的高级教士会说，他们不敢在这样的宗教会议上制定任何法规，免得犯蔑视王权罪。除了他们已经制定的法规以外，还需要制定什么法规呢？什么办法能使他们执行那些已经制定的法规呢？特别是因为他们还得到世俗法律的帮助。难道议会没有为居住条件、为限制牧师高额的薪俸颁布法

令吗？如果我们决心实施我们的法律，当初就不必颁布那些法令了。当我们不能改正自己的缺点时，难道不应该让别人来纠正我们和改造我们吗？怪不得当我们的生活和谈吐违反我们的法律和入教誓言时，人家就不信任我们，基督教也要由于我们邪恶的行为而遭受诽谤了。所以让我们确信，我们的过错使他们在宗教上受到诽谤或攻击的那种热情有时在我们方面也将是需要的。因此，如果我们想要消除基督教的这种分裂，那就让我们首先改过自新，并实施我们的法律；例如我们可以从牧师的薪俸入手，仅满足于一项俸给，不求多项，而生活享受则要遵守原有规章就牧师职务所规定的标准，不去图谋其他特别的和非法的利益。按道理来说，还有什么事情比一个人由于拿了牧师的俸禄而生活有所保障，去为他从中享有利益的职务努力工作这种情况更为惬意的呢？既然牧师的有俸职位就是一个人的生活来源，那么，如果并非这样，就不妨加以改进，直到它被认为是生活来源为止；同时，每一个人都需要担负其本身的全部责任，因此，一个人有什么理由在其仅能履行一人职责的情况下拿取两人的俸禄和担负两人的责任呢？因此，拿取更多的钱财而不去履行一个牧师的职责是根本有悖情理的。但是，也许有人会说，我们中间某人的职位高于别人，牧师的一份薪俸对他来说未免太少了。正如人们的品质有高下之分一样，难道各种各样牧师的薪俸没有许多等级吗？是的，确实是有等级的。在我国，感谢上帝，牧师每年有从 4 000 或 5 000 马克到两万马克价值不等的薪俸，这类薪俸是根据每个人的品质和地位来敦促他努力奉公的。如果他碰上数额不大的薪给，那就让他乐意接受，等待下次较好的机会吧。而如果他被认为应该占有较好的职位，那就让他离开次等的职位去接受较好的职位吧;我认为,即使一笔又一笔的薪金大量累积在大人物的手里,最微薄的薪给对一些穷困潦倒的人来说也是足够维持生活的了。而且,我还认识一些收入不多的牧师,他们的住房比较普通,但他们却利用那种居住条件比俸禄多的牧师更加殷勤好客。正如俗话所说:须随口动,举座生欢。如今即使你仔细观察一下整个管区,你也找不到有两个牧师会每人对所辖地区花费10镑,也不会有第四个牧师从其全部的薪俸中拿出那笔数目来为会众谋福利。有什么世俗职位像这些负有更大责任的宗教职位那样彻底被滥用了呢?我祈求上帝擦亮主教们的眼睛,让他们看看那些无法无天的行为吧;因为根据我的体会,他们仿佛双目失明,看不到那些现象似的。因此我相信,他们将会毫不迟疑地改正这些缺点,而如果他们不这样做,我就祈求上帝派遣我们那些拥有世俗智慧的行政长官利用其世俗权力来纠正这些事情,并研究改造那些牧师的方法而不是关心他们所占有的财物。信奉基督教的君主不是无缘无故掌握权力的;信奉基督教的君主着手改造那些有愧职守的高级教士,并不是值得那么大惊小怪的事。我至今所谈到的是关于我们中间担任牧师的那些人的改造问题。现在再来谈谈应当如何改造你们那一部分人即俗人的问题;你们必须了解到,所有那些致力于研究任何专门知识的人通常都犯有伟大学者塔利所说的两种缺点之一。一种是,把我们不知道的事情当作已经被我们了解的事情,或者仿佛认为我们已经对它们了如指掌;为了避免那种缺点,人们应当花很多时间孜孜不倦地考虑这些问题,然后开始作出判断。另一个缺点是,不必要地花费很多时间和精力去研究晦涩的、难解的问题。眼前就让我们

来探讨一下如何可以在最近的时期使我们不致再犯那些错误吧。你们大家都要力求很好地理解有关经文的知识；而且那种知识是任何基督教的信徒最希望得到的、最纯正的和最必需的。但是，你难道没有见到，许多年轻人在痛下功夫长期思考或研究经文以前，竟在争论中俨然以高深问题的评判员自居，不去考虑是否可以从反面加以论证，而是首先急不可待地陈述他们自己所臆造出来的论据或同意别人的见解吗？这种缺点不仅在钻研经文知识的人们身上出现，而且也可以在攻读其他一切学科的年轻学员身上见到。你是否会发现，我国的一个攻读法律的学生，还没学满三年就比他自己或别人在钻研了十二或十四年之后更加跃跃欲试地准备给你解决法律上的一件疑案呢？是的，毫无疑问。所有其他学科的年轻语法学家、逻辑学家、修辞学家等等也都是如此。所以毕达哥拉斯[①]禁止他的学生在来到他门下的头五年发表言论，但愿我们都赞成在对有关圣经的问题发表任何看法以前先接受这个训诫；我相信，在攻读七年以后，他们由于把一处的经文同另一处互相参证，会觉得比现在难以抒发己见，对深奥的问题不再轻率作答。这种不幸来自对问题发表草率的看法，当一个人一旦就任何事情说明他自己的见解时，他会觉得放弃他原来断定为正确的论点是一种奇耻大辱。所以，不管他以后作出何种解释，其目的都是为了维持他的观点；是的，他会努力那样做，不但利用他的言论和主张，而且利用他所掌握的权力和享有的权威；他将煞费苦心尽量争取许许多多的人来赞同他的意见，仿佛他的意见是比较正确，并且他可

① 毕达哥拉斯，公元前六世纪希腊哲学家和数学家。——译者

以借此得到较多的原动力似的。如果我们的目的在于寻求真理，我们就不能认为真理总是掌握在那些依靠权力和权威或依靠强取豪夺的参政权而占据优势的人的手里；以权力和权威取得优势，犹如在一次搏斗或角力中以力取胜，与描述和探究真理的行动毫无共同之处；这是因为，他只要在角力中占据优势，就稳操胜券；另一方面，一个探求真理的人虽然有时被迫保持缄默，免得在别人眼中成为战败者，但他却终于因为参透真理而取得胜利。既然我们仅仅满足于探求有关真理的知识，还有什么事情会使我们把自己分裂成宗派和党派呢？然而，还是让那些适合于评判这类事情的人来心平气和地讨论、考查和解决这个问题吧；同时还要求任何一方不使用暴力去反对另一方，或者强迫他们唯命是从，直到适合于讨论这类问题的全体或大部分人同意对问题的看法和作出决断为止。那是解决这类争议的唯一办法。由于这种争论必须告一段落，那么与其迁延时日，还不如及早收场为妙，要不然在这分裂之后也许会有更多的害处接踵而至，就像在其他方面，甚至在我们的跟前见到的那样。即使这样一些事情与我们在此以前所见到的相类似，即属于每一思及动辄令人悲从中来的一类，但是，亚利安人①的内讧究竟给基督教信徒带来多么大的损失，给基督教信仰造成多么大的分裂，以及怎样产生连绵不断的战争的呢？难道它最后不是使整个亚洲和非洲同基督教隔离开来吗？难道不是宗

① 亚利安人属于或被认为是史前印欧语系各民族的后裔，但亚利安人这个名称从人种学的角度来说是缺乏根据的，虽然德国纳粹分子曾经臭名昭著地用来指“非犹太人后裔的白种人”。——译者

教，或者毋宁说是土耳其人令人厌恶的迷信，同亚利安人的这个教派结合起来了吗？难道它不是由此获得它的理论根据的吗？一切分裂要算宗教问题所产生的分裂最为危险，这样就很有必要迅即加以纠正，而纠正的办法则只有召开宗教会议、一般的教区会议或教法会议；这种办法从最初予以采用的使徒的时代起到近代为止，向来是平息和消弭一切宗教争端的唯一办法。毫无疑问，正如圣灵所允诺的那样，他将身临每一次这类不是由于任何压力或任何感情的冲动而召开的会议。可是，现在我们要说，虽然我们愿意抛开一切感情因素，不偏不倚，也不施加压力迫使许多人发表对我们有利的言论，但是，谁能保证罗马的主教和其他高级教士也愿意这样做呢？当然，如果你这样讲，你就说明了一个重要的问题：他们是人，也像你一样在很大程度上受感情的支配。可是我要按照我的习惯，不揣冒昧地倾吐我对这方面的意见，就像在讨论其他问题时一样。我把如今所争论的所有这些问题归结为那三种问题的这个或那个。那就是，或者只涉及宗教或教会高级教士和牧师的利益与薪俸，或者涉及一方面的一部分或另一方面的一部分。就仅仅关于宗教的事项来说，我希望他们能够对此抱有审慎的态度，而这种态度在对宗教问题作出判断时总是应当采取的。至于有关仅属教会人士的利益，我希望由世俗的有影响的人物加以讨论，因为它仅涉及世俗的事情；在这方面，谁也不必怀疑地方行政官员不会向那些受人尊敬地宣讲上帝圣谕和主持圣礼的人提供正当的生活资料。至于第三种事情，因为它们混杂着世俗事务和宗教事务，我希望这两类地位不同的人共同协商，求得问题的解决。老实说，关于罗马教廷赋予特权的主教，我希望另行考虑，由信仰基督教的君主另外挑选一位公正人士去指导或出席宗教会议，而他的主要任务则在于进行管理；因为任何人都是不适合评价他自己的问题的。到现在为止，我已按照自己简单的想法扼要地谈了一些问题，要请你更好地判断一下究竟是肯定还是否定问题的全部或其中的若干部分。

爵士。遗憾的是时间已经很晚，我现在必须告别了。

商人、制帽商、庄稼人。的确，我们也是如此；但是，在我们离开这个城市以前，我们相信还会同你有些来往的。

博士。如果我在这里耽搁，我将乐意同你们碰头。

爵士。这样我们就暂时分手了；但到了第二天，当我知道博士先生离开这个城市时，我认为我是不应当坐失这个机会的，而是至少要在我自己的私人笔记本上记下一笔，以便碰到机会适当地提出这样一些论点，那时也许可以见诸实施，或者得到不是我所能说明的其他答案；因此，正如你见到的那样，我已经把上述的思想交流记录下来了。

译名对照表

四至五画

切克，约翰　Cheke，John
贝肯　Becon
史密斯，托马斯　Smith，Thomas
史密斯，威廉　Smith，William
弗尼瓦尔　Furnivall
弗利特伍德，托马斯
　Fleetwood，Thomas
尼克林，R.　Nicklin，R.
尼科尔斯　Nichols
兰巴德，威廉　Lambarde，William
卡托　Cato
布里奇特，Bridgett

六　画

伊丽莎白六世　Elizabeth Ⅵ
伊拉斯默斯　Erasmus
伊诺巴布斯，弗雷德里克
　Aenobarbus，Fredrike
达夫，J. D.　Duff，J. D.
达格代尔　Dugdale
吉尔平　Gilpin
毕达哥拉斯　Pythagoras
亚里士多德　Aristotle
西塞罗　Cicero
伍德，安东尼　Wood，Anthony

七　画

阿什利　Ashley
阿佩利斯　Appelles
克兰默　Cranmer
玛丽　Mary
麦克阿瑟，E. A.　McArthur，E. A.
沙林顿，威廉　Sharrington，William
亨利八世　Henle Ⅷ
坎宁安，W.　Cunningham，W.

八　画

波尔，雷金纳德　Pole，Reginald
波姆波尼厄斯　Pomponius
拉蒙德，伊丽莎白　Lamond，Elizabeth
拉蒂默，休　Latimer，Hugh
罗杰斯，A.　Rogers，A.
耶茨，约翰　Yates，John
奈特　Knight
迪奥默德斯　Diomedes

九　画

威尔逊　Wilson
威奇斯顿，威廉　Wygston，William
科卢梅拉　Collumella
科萨　Cossa
柏拉图　Plato
哈里森　Harrison
恺撒，朱利叶斯　Caesar，Julius

十至十一画

莎士比亚，威廉　Shakespeare，William
莫尔，托马斯　More，Thomas
埃阿克斯　Aiax
格劳库斯　Glaucus
海恩斯，尼古拉斯　Haines，Nicholas
爱德华六世　Edward Ⅵ
桑德斯，威廉　Saunders，William
维吉底乌斯　Vigetius
维纳斯　Venus
维特鲁维乌斯　Vitruvius
萨普斯沃思　Sapsworth
萨斯普沃思　Saspworth
萨默塞特　Somerset
梭伦　Solon

十二画

斯马特，F. B.　Smart，F. B.
斯塔基　Starkey
斯塔福德，威廉　Stafford，William
斯特赖普　Strype
黑尔斯，约翰　Hales，John
黑尔斯，克里斯托弗　Hales，Christopher
博丹　Bodin
塔利　Tullie

十三至十六画

福克斯韦尔　Foxwell
福特，威廉　Fourd，William
潘多修斯　Pandotheus
德莫斯　Demaus
霍尔，休伯特　Hall，Hubert

图书在版编目(CIP)数据

论英国本土的公共福利/(英)伊丽莎白·拉蒙德编；马清槐译.—北京：商务印书馆，2017
(汉译世界学术名著丛书：120年纪念版：珍藏本)
ISBN 978-7-100-14175-8

Ⅰ.①论… Ⅱ.①伊… ②马… Ⅲ.①重商主义 ②社会—概况—英国—16世纪 Ⅳ.①F091.31 ②K561.33

中国版本图书馆CIP数据核字(2017)第137566号

汉译世界学术名著丛书
(120年纪念版·珍藏本)
论英国本土的公共福利
〔英〕伊丽莎白·拉蒙德 编
马清槐 译

商 务 印 书 馆 出 版
(北京王府井大街36号 邮政编码100710)
商 务 印 书 馆 发 行
南京爱德印刷有限公司印刷
ISBN 978-7-100-14175-8

2017年12月第1版　　开本 710×1000 1/16
2017年12月第1次印刷　　印张 9¾
定价：65.00元